アクティブラーニングで学ぶ
介護過程ワークブック

川廷 宗之 編
永野 淳子

執筆者一覧 （五十音順）

●編　者　　川　廷　宗　之　　大妻女子大学
　　　　　　永　野　淳　子　　佐久大学信州短期大学部

●執筆者　　金　成　明　美　　東日本国際大学
　　　　　　佐々木　　　宰　　東京YMCA医療福祉専門学校
　　　　　　永　嶋　昌　樹　　日本社会事業大学
　　　　　　根　本　曜　子　　植草学園短期大学
　　　　　　初　貝　幸　江　　東京都介護福祉士会
　　　　　　半　田　　　仁　　読売理工医療福祉専門学校
　　　　　　樋　口　久美子　　ベルジ武尊
　　　　　　福　田　智　久　　群馬医療福祉大学短期大学部
　　　　　　宮　元　預　羽　　聖隷クリストファー大学介護福祉専門学校
　　　　　　吉　田　志　保　　佐野日本大学短期大学
　　　　　　渡　辺　博　之　　湘南福祉支援技術研究会

本書を活用されるみなさまへ

　このワークブックには、学習支援用資料もあります。学習支援用資料には、より詳細な解説や、記載例が記載されています。本書をテキストとしてご採用、もしくはご検討いただく場合には、弊社ホームページの「書籍サポート」からダウンロードいただけます（無料）。「ダウンロード申し込みフォーム」からご利用ください。

　また、第2章第7節ワーク2「介護計画の計画書」及び第5章第2節「事例報告書」は、A4版の記入シートもダウンロードいただけます。あわせてご利用ください。

みらいホームページ：http://www.mirai-inc.jp/　→「書籍サポート」

【お問い合わせ】
　㈱みらい　企画部内「アクティブラーニングで学ぶ介護過程ワークブック」係
　〒500-8137　岐阜市東興町40番地　第5澤田ビル
　TEL：058-247-1227　FAX：058-247-1218　E-mail：info@mirai-inc.jp

はじめに
・・・「介護過程」を丁寧に学ぼうとするあなたへ・・・

　「介護過程」の学習を始めようと、このワークブックを手にとられたあなたは、とても幸せな方です。なぜなら、あなたは、このワークブックを使って学ぶことにより、さまざまな発見をするでしょう。その発見を大切に生かせば、きっととてもやりがいを感じられる充実した介護福祉実践に向けて進むことができると考えるからです。

　このワークブックを使って「介護過程」を学ぼうとされる方は、介護福祉士を目指しておられるか、介護福祉実践に携わりながら、改めて「介護過程」を学び直そうとしておられる方と思います。「介護過程」は、利用者さんの幸せ（ウェルビーイング）に大きく影響し、介護福祉実践を展開していく上で最も重要ともいえる内容を含んでいます。それに気づきつつある皆さんに、より実践的に「介護過程」を学ぶ教材として用意されたのがこのワークブックです。

　言うまでもありませんが、介護を必要とする方々はみな一様ではありません。一人ひとりにそれぞれの人生があり、介護を必要とするなんらかの生活上の障害を抱えている方々です。人生がさまざまであるのですから、当然、その一人ひとりに適した介護を「考え」なければなりません。また、人生ですから当然のことですが、その生活は少しずつ変化をしていきます。そのため、その変化に対応して、その都度、介護計画を「考え」直していく必要があります。つまり、なんらかのマニュアルにあてはめて介護計画をつくるというような、定型的で形式的な対応では利用者さんの満足は得られないということです。したがって、さまざまな情報を総合して、マニュアルなどを参考にしつつも、その方にあった介護計画をつくっていく必要があるのです。

　しかも、この計画は利用者さんにとって適切であるばかりではなく、ともに支援しているチームの皆さんにも、また、ご家族の方などの関係者にも、納得していただく必要があります。そのためには介護計画がどうしてそのような内容になるのかという根拠を示す必要があります。そしてもちろん、そのことを相手にあわせて適切に説明していく必要があります。誰もが納得しやすい介護計画を「考え」ていく進め方や、「考え」た介護計画を適切に関係者の皆さんへ説明する方法も、とても大切です。

　つまり「介護過程」は、それぞれの利用者さんの介護全体の過程のなかで、常に明日の介護のあり方を「考え」ていく過程なのです。この過程に無関心な介護は、時によっては利用者さんの幸せを壊してしまう、あるいは介護事故につながる可能性すらあります。そうならないためにはどのように「考え」ればよいのか、それを具体的に学べるようにまとめたのが本ワークブックです。なお、介護にはさまざまな要素があります。「介護過程」はその総合でもあります。したがって、より適切な「介護過程」を考えていくには、「介護福祉士養成課程」で学ぶ他の科目の内容も、考える根拠として総合的に応用していく必要があります。また、利用者さんの人生を理解するためには、さまざまな基礎的な教養も大切になります。この点も忘れないで、介護過程のみならず、学習に励んでください。

編者　川廷　宗之
永野　淳子
2016年3月15日

目次

はじめに

序章　介護過程を学習するにあたって ……………………………………（永野）…7
- 第1節　このワークブックの使い方と学習の進め方 ……………（川廷・永野）…8
- 第2節　このワークブックでの定義 ………………………………………（永嶋）…12

入門編

第1章　介護過程を学ぶ基礎をしっかりつくる ……………………………（川廷）…15
- 第1節　考える介護のイメージ ……………………………………（佐々木・川廷）…16
- 第2節　なぜ「考える介護」を展開するのか ……………………（佐々木・川廷）…22
- 第3節　状況を観察する1 …………………………………………（福田・川廷）…28
- 第4節　状況を観察する2 …………………………………………（半田・川廷）…33
- 第5節　聞き取る・聴き取る ………………………………………………（渡辺）…40
- 第6節　観察結果にもとづく背景と展望の推測 …………………（福田・川廷）…48
- 第7節　自分のものの見方を確認する ……………………………………（初貝）…53
- 第8節　問題解決型の思考過程について …………………………（金成・川廷）…58

展開編

第2章　介護過程のプロセスについて学ぶ …………………………………（永嶋）…65
- 第1節　介護過程全体のプロセス …………………………………………（永嶋）…66
- 第2節　インテーク〈初めての出会い〉 …………………………………（永嶋）…71
- 第3節　アセスメント1〈情報の収集〉 …………………………………（山田）…75
- 第4節　アセスメント2〈情報の統合化〉 ………………………………（永野）…79
- 第5節　アセスメント3〈課題の分析・明確化〉 ………………………（永嶋）…83
- 第6節　介護目標の設定 ……………………………………………………（永野）…87
- 第7節　介護計画の立案 ……………………………………………………（永嶋）…91
- 第8節　介護計画の実施 ……………………………………………………（佐々木）…95
- 第9節　モニタリング・介護記録の作成 …………………………………（佐々木）…100
- 第10節　介護計画の評価 …………………………………………………（永嶋）…105

第3章　事例を通しての介護過程の展開 ……………………（山田）…109
- 第1節　独居利用者の在宅生活の継続に向けた事例 ……………（山田）…110
- 第2節　介護施設から自宅へ外泊する利用者の事例 ……………（樋口）…117

応用編

第4章　介護の理念とスキルにもとづく介護過程 ………………（永野）…123
- 第1節　尊厳を守る介護過程 ……………………………………（佐々木）…124
- 第2節　「価値」の問題と介護過程 ………………………………（永野）…128
- 第3節　倫理的葛藤と介護過程 …………………………………（初貝）…133
- 第4節　利用者主体の介護過程 …………………………………（佐々木）…137
- 第5節　個別化の実践と介護過程 ………………………………（永野）…142
- 第6節　自立支援に向けた介護過程 ……………………………（宮元・永野）…146
- 第7節　人権（権利擁護）と介護過程 …………………………（佐々木）…150
- 第8節　リスクマネジメントと介護過程 ………………………（宮元）…155
- 第9節　チームケアの実践と介護過程 …………………………（永野・佐々木）…159
- 第10節　多職種連携と介護過程 …………………………………（永野）…163

第5章　介護実習での体験から介護過程について学ぶ ……………（根本）…167
- 第1節　経験したことを振り返る ………………………………（根本）…168
- 第2節　事例報告書を作成する …………………………………（根本）…172
- 第3節　介護福祉実践の全体を振り返る ………………………（根本）…178
- 第4節　介護実習で展開した介護過程を発表する ……………（根本）…182

序章 介護過程を学習するにあたって

　このワークブックを使用して介護過程を学習するにあたり、事前にワークブックの使い方と学習の進め方、ワークブック内で使用される用語の定義等を理解しておくと、効率よくかつ効果的に介護過程の学習を進めることができます。

　序章では、このワークブックを使った学習の進め方、各節での学び方及びワークの進め方の解説と、ワークを行う上で知っておいてほしい介護過程のプロセス及び用語の定義等について説明をします。

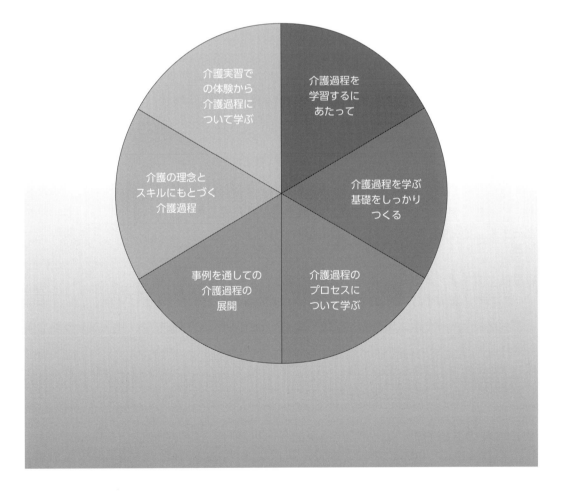

序章　第1節

第1節　このワークブックの使い方と学習の進め方

1）ワークブックの構成

このワークブックは、「序章」「入門編」「展開編」「応用編」の4つで構成されています。また、各章には、テーマごとに節を設けています。

序章

序章では、このワークブックの使い方と学習の進め方（序章第1節）、このワークブックで用いる言葉や介護過程についての考え方と定義について（序章第2節）解説しています。

入門編（第1章）

介護過程を学習する上でのウォーミングアップとして、入門編では、介護過程を展開するために必要な「考え方（思考方法）」について演習を通して学習します。

展開編（第2章～第3章）

展開編では、介護過程の展開において行われる「インテーク、アセスメント、介護目標の設定、介護計画の立案と実施、モニタリング、評価、終結」の各項目について、演習を通して学習します（第2章）。また、事例を通して介護過程の展開の全体について学習を深めます（第3章）。

応用編（第4章～第5章）

介護過程を展開するためには、介護福祉の理念やチームケア、多職種連携といった他科目で学習した内容を統合することが必要です。そのため、応用編では、介護福祉の理念や他科目で学習した内容を統合させることについて学習します（第4章）。そして、それら統合された知識と技術を実践と結びつけて考えられるようになるために、介護実習で行った介護過程の展開について振り返りとまとめを行います（第5章）。

2）学習の進め方

介護過程を初めて学習する方は、序章を読んでから入門編の第1章から順番に第5章ま

で学習することが望ましいでしょう。また、ある程度学習が進んでいる方は、目次を見ながら自分が必要と考える節のワークを行っていただいて構いません。また、1節のワークを終えるのに、グループでの討議などをふまえ、90分あるいは180分を要することが考えられます。ワークの進め方はいろいろとあるため、このワークブックでは、節ごとに要する時間を具体的には示していません。

このワークブックを手に取った皆さんの学習状況や学習スタイルにあわせて活用してください。

3）各節の学び方

このワークブックの各節は、☝**学びのポイント**、🔑**キーワード**、📖**学びの基礎知識**、✏**ワーク**、✒**まとめ**、🔍**ふりかえり**により構成されています。事前準備が必要なワークの場合💡**ワークの進め方**にその取り組み方を書いています。

「☝**学びのポイント**」では、その節の学びや主な課題、学習目標が示されています。

「🔑**キーワード**」では、その節で扱っている学習に関する主要なキーワードをあげています。

「📖**学びの基礎知識**」では、その後のワークでの学習に必要な基礎知識を紹介しています。ただし、このワークブックは、ワークのなかから学ぶことを中心として編集されていますので、基礎知識だけでは十分とはいえません。わからないことがあったらそのままにしないで該当する本や新聞、あるいはインターネット等でどんどん調べてみてください。

「✏**ワーク**」については次項で説明します。

「✒**まとめ**」では、その節での学習のまとめや、学習を深めていくヒントなどについてふれています。

「🔍**ふりかえり**」では、そこでの学習がうまくいったかどうかを考える設問が用意されています。指定されている項目に、「できた=◎、少しできた=○、あまりできなかった=△、できなかった=×」の記号でチェックを入れることで学習の進度を確認できます。もし、△もしくは×をつけた場合は、改めてワークを丁寧にやってみるとともに、先生に質問に行きましょう。わからないままで、実習に行くと困りますし、実践に入ると事故を起こす可能性があります。

4）ワークの進め方

各節のワークのなかでは、個人で行うワークには 個人 、二人一組で行うには ペア 、グループで行うワークには グループ 、と表記されています。また、授業のクラス全員で一緒に取り組む場合には、 全体 と表記されています。学習の進め方は、それぞれのワークに指示されていますので、その指示にしたがってワークを進めてください。また、個人ワークのなかには、予習しておいた方がよいものもありますので、学習の

流れにそって予習を心がけましょう。

　グループでワークを行う際は、「グループ討議の進め方」（表序－1）を参考に進めてください。グループ討議の進め方は、あくまでも原則ですので、ワークを行う状況により進め方を変えても構いません。

表序－1　グループ討議の進め方

〈グループ討議を始める前に〉
1. 介護福祉実践では、少人数のメンバーで必要な事項を報告したり、意見を述べたりすることが、毎日、必要になります。そのためには、グループでの発言の仕方など、コミュニケーション技法や、内容から自分で学んでいく方法を練習しておくことはとても大切です。
2. グループ討議では、全員が報告をしたり、自分の意見を述べることが条件です。とすれば、なんらかの報告事項や意見をもたないでグループ討議に参加するのは困難です。
3. なにを報告するのか、討議するのかを理解したら、必ず個人ワークで自分の意見をまとめ、あらかじめ報告（発言）する内容を考えてメモを作っておきましょう。

〈グループ討議の進め方〉
1. 最初に、司会と記録、（最後の全体会で報告する）報告者を決めます。お互いに初対面の場合は、まず簡単な自己紹介をします。
2. 司会者を中心に討議のテーマをグループメンバー全員で確認します。
3. 司会者を中心に討議をする時間を確認します。ここで確認するのは「4．討議を行います」の1）から4）の時間配分です。
4. 討議を行います。
　　1）各メンバーから自分の意見を発表
　　　特に順番を決める必要はないが、必ず全員が意見（提案）を述べる。
　　2）質疑応答
　　　一人ひとりの意見や提案ごとに行う方法もあるし、全体の意見の報告がまとまってからでもよい。これも極力全員がなにかを質問したり、意見を述べたりする。遠慮がちで発言しない人は司会者が指名していく。
　　3）意見集約
　　　司会者が中心になって、いろいろな意見のなかで、どの意見が最も参加者の共感を得たかなどを話し合いながら、グループ内で意見をまとめる。
　　4）発表内容の確認
　　　多くの場合は、全体でグループでの討議内容をシェアするので、その時の発表内容として3）のまとめの内容を報告者が確認をする。
5. 報告者がグループの見解をクラス全体に報告する。

〈グループワークを行う際に注意すること〉
＊グループメンバー全員が発言しましょう。
＊グループメンバーの発言は最後まで聞き、内容を確実に理解しましょう（わからなければ質問しましょう）。
＊発言は言いたいポイントをはっきり述べるようにしましょう。
＊自分の考えと異なる意見が出たら、それをどう参考にして、自分の考えを膨らませるか、考えましょう。

グループでワークを進めるなかで、ロールプレイングを行いながら取り組むワークもあります。この場合「ロールプレイングの進め方」（表序－2）を参考に進めてください。ただし、これはあくまでも原則ですので、ワークを行う状況により進め方を変えても構いません。

表序－2　ロールプレイングの進め方

〈ロールプレイングを始める前に〉
1．ロールプレイングは「役割演技」とも言いますが、単に役割を外形的にまねをするだけでは、適切なロール（役割）を演じられません。大切なことは、その役割を担う人に「心からなりきる」ことです。
2．そのためには、そのロールに関して丁寧な観察が必要です。第1章の第3～5節などから、観察の技法を修得し、しっかり観察した上で演じる（プレイング）ようにしましょう。
3．言うまでもなく、そのロールプレイングを通じて、なにを学ぼうとするのか、その目的をしっかり確認しておくことが大切です。

〈ロールプレイングの行い方〉
1．まず、そのロールプレイングのテーマと学習目標を確認します。
2．多くの場合、2～3人で演じることが多いので、まず役割分担と、ストーリーの概要を決めましょう。役割が決まったら、ストーリーをどう演じるか必ず時間を取って考えましょう。多少の小道具はあった方がよいので、準備しましょう。
2．ロールプレイングを見て学ぶ人たち（観察者）も、役割とストーリーから、自分ならどう演じるか、どういう展開になるか予測してみましょう。
3．準備ができたら、あらかじめ決めておいた開始の合図をきっかけに演技を始めます。5分から15分程度の演技の後に、終了の合図をきっかけに終わります。
4．演技中、観察者は、観察メモを取ることが望ましいでしょう。演義終了後に、すぐにこのメモに情報を書き足していくとともに、学びテーマに即して、学んだことをまとめます。
5．この内容をできるだけ多くの人とシェアし合い、学びの内容を深めていきます。

〈ロールプレイングを行う際に注意すること〉
＊演技者は多くの場合ボランティアで行ってくださるので、最後には感謝をもって終わりましょう。まして、演技内容を冷やかしたり、からかったりしてはいけません。

〈参考〉
＊本ワークブックに登場する事例を活用して場面設定をつくり、役割を決めて、役割演技（ロールプレイング）を行うこともできます。
＊学習内容を深めるために必要に応じて、紙面上の情報を視覚的にとらえ直し、具体的にイメージすることで、学習内容を深めることも可能です。

序章 第2節

第2節 このワークブックでの定義

このワークブックでは、介護過程を以下のように定義しました。

> **介護過程**とは、利用者が望む生活を実現するために、介護職がその専門的な知識・技術ならびに固有の価値にもとづき、利用者と協働のもと、意図的に支援するための思考と実践の過程である。

介護過程とは上記に述べたような一連のプロセスのことですが、それはいくつかの段階から成り立っています。このワークブックでは、従来から介護に関するいろいろなテキストで取り上げられている「アセスメント」「計画の立案」「実施」「評価」という4つの段階に、「インテーク」「モニタリング」「終結」の3つを加え、7段階としました。これについては、第2章で詳しく解説します。

介護過程の段階

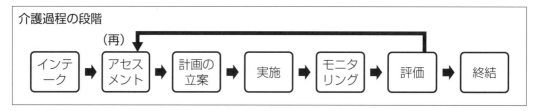

上記の段階は、介護職が利用者と初めてかかわるインテークから始まり、最後は支援の「終結」で終わります。これは、介護が突然に「アセスメント」から始まるのではないこと、さらにアセスメントを起点として「評価」以降も同じサイクルがいつまでも続く、単なる円環活動でもないことを表しています。

また、介護過程で使用する介護・福祉領域の専門用語についても、このワークブックでは次のように定義しました。

> **アセスメント**とは、介護職が、①収集した利用者にかかわる情報を整理し、②それぞれの情報を関連づけたり統合したりすることによって分析し、さらに、③生活課題(ニーズ)を明確にすることである。

> **生活課題**とは、利用者が自ら望む生活を実現するために、介護福祉の実践を通して解決・向上・維持を行う必要があると考えられる課題である。

　なお、介護福祉士あるいはそれ以外の施設介護職員・訪問介護員（ホームヘルパー）など、介護（生活援助を含む）を主たる業務とする専門職等を、原則として「介護職」と表記しました。また、身体介護や生活援助などの支援を必要としている人を、原則として「利用者」と表記しました。

入門編

第1章 介護過程を学ぶ基礎をしっかりつくる

1．「介護過程」のイメージ

「介護過程」という単語に初めて出会うと、なにをすることなのか、イメージがまったく浮かばないかもしれません。この章の最初で、そのイメージを作りましょう。ただし、「介護過程」の多くは、頭のなかで展開する過程が多いので、具体的な行動としては、あったこと（事実・観察結果）や、聞いたことを「記録」したり、そこから考えたこと（考察）を「書いたり」「まとめたり」ということになります。

2．見る（観察する）・聞く（聴く）・記録する

そこで最初は、見る（観察する）内容や方法、聞く（聴く……言葉を表面的に聞くだけではなく、その意味するところを考え、心を込めて聴く）内容や方法、それを記録したりまとめたりする内容や方法を、改めて確認しましょう。一見簡単そうに見えますが、これがきちんと（専門的にも）できるかどうかは、介護過程を行う基本中の基本になります。

3．推測する・考える（組み立てる）

事実の記録と「まとめ」ができたら、それらの内容から、なぜそうなったのか、その後どうなるか、などを考える（考察する）ことが必要になります。状況を察し、深く考えるためには、その状況のさまざまな要素を抽出することを最初に行うとよいでしょう。そして、次に、「なぜ」と「どうなる」かを考える必要に合わせて、それらの要素を組み合わせていくと、適切な推測や考察ができるようになります。

この時に自覚しておかなければならないのは、人はそれぞれ環境や経験等により、ものの見方や考え方が異なるということです。同じものを見ても、他の人は自分とまったく同じ見え方をしているとは限りません。ましてや、考察の過程では、一人ひとり違ってきます。介護を行う時、こういう違いも意識して、取り組む必要があります。

以上のように、第1章ではワークにそって演習を重ねていくことにより、「なんとなく」見ていたり判断していたことを順序立てて考え、課題を解決するための計画作成の方法を学びます。

第1章　第1節

第1節　考える介護のイメージ

👆 学びのポイント

・「考える介護（介護過程）」とはなにか、ひとまず簡単なイメージを作る。

🔑 キーワード

考える介護　利用者　介助　ケース　チームケア

📖 学びの基礎知識

　高齢者施設や在宅介護サービスでの介護場面では、いろいろな介護職員が働いています。介護福祉士もいますが、介護職員初任者研修の修了者や、かつて行われていたホームヘルパー2級などの研修の修了者、なかにはそういう資格をまったくもたない職員もいます。また、働く条件も正規採用で常勤の職員もいますが、一定の時間だけ働くパート職員もいます。そして、それぞれが、その日その日の役割を果たしています。

✏️ ワーク1　特徴について、感じたことを書き出す

　個　人　あなた（第1章ではAさんとしておきます）が実習に行ったつもりになって、以下の事例を読みましょう。

> **事例**　3人の介護職員の支援方法
>
> 　Aさんは介護福祉士養成施設の学生です。学び始めたばかりなのですが、特別養護老人ホームで介護実習に臨んでいます。とりあえず、介護職員の行動をよく見るように指示されています。
> 　実習が始まって1週間経った頃、同じ利用者でも職員によって介護の方法が違っていることに気づきました。
> 　たとえば、普段杖歩行をしている松田サクラさん（83歳、女性、要介護3）が、ベッドでナースコールを押して「トイレに行きたいです」と伝えると、どの介護職員もすぐ駆けつけて、やさしく話しかけ、介助を開始します。
> 　相沢介護職員の場合は、車いすを準備して、起き上がりから移乗、車いす移動、トイレ内で

の着脱まで全て介助します。松田さんはとても気持ちよい顔で居室に戻ってきました。

　川上介護職員の場合は、起き上がりから移乗までは声かけや腰を支えるなどの一部介助を行い、その後は川上介護職員が車いすを押してトイレまで行きました。しかし松田さんは、トイレに到着する前にときどき「あぁ……少し漏らしちゃった」と言っているようでした。

　鈴木介護職員は、コールが鳴る前にたびたび「そろそろおトイレの時間じゃないですか？早めに行きましょう」と言います。松田さんは一瞬不快な表情をしましたが、杖歩行でトイレに行き、気持ちよさそうな表情で居室に帰ってきます。

1　**個　人**　この３人の介護職員一人ひとりの介護の仕方の特徴について、あなたが感じたことを自由に２つずつ書きましょう。次に、なぜこの３人の介護職員の介護が違っているのか、その理由を考えて書いてみましょう。

相沢介護職員の特徴
①

②

川上介護職員の特徴
①

②

鈴木介護職員の特徴
①

②

３人の介護が違っている理由
①

②

第1章　第1節

✏️ワーク2　書いた内容を交換する

1　**ペア**　ワーク1で書いた内容をとなりの席の人などと二人一組になって、お互いに報告してみましょう。そのなかで、2人が違うことを書いた点を抜き出して、箇条書きにまとめてみましょう。

　　さしあたりまとめられたら、今度は前後の席で二人一組になって、同じことを繰り返しましょう。

となりの人の話から気づいたこと
①

②

前後の人の話から気づいたこと
①

②

✏️ワーク3　クラス全体でまとめる

1　**全体**　ワーク2の話し合いのなかで気がついたこと（他の人の発言から気がついた疑問点や、感想）を箇条書きで書き留めておきましょう。

他の人の報告から気がついたこと
①

②

まとめるなかで気づいたこと
①

②

③

考える介護のイメージ

✏️ワーク4　事例を読んで、特徴を考える

個人　事例の続きを読んで考えましょう。

> **事例**　事例・続き
>
> 　さらによく見ていると、相沢介護職員は、他の利用者の排泄介助でも、トイレに行く利用者にもポータブルトイレを使用する利用者にも、すべての動作をテキパキと介助していました。利用者はだまって介助され、排泄が終わると気持ちよさそうにしています。
>
> 　川上介護職員は、排泄の訴えがあった後、ゆったりとした雰囲気で会話しています。ポータブルトイレを利用する場合でもおむつ交換の時でも自分の力で動き出そうとするのを待ち、その後さりげなく介護していました。しかし松田さんの時のように、トイレに間に合わず少し漏らしてしまったり、その後の食事やレクリエーション活動に遅れてしまうことが多いようでした。
>
> 　鈴木介護職員は、全ての利用者が尿意を感じるタイミングを把握して早め早めに耳元で声をかけ、どれだけ時間がかかっても自分でできる動作を自力でするように言っています。しかし利用者は、排泄が終わった後もなんとなく不快そうな表情をしています。

1　**個人**　3人の職員とも、利用者の個別状況にあわせて介護方法を変えています。それぞれ、自分の介護を通して、利用者に対する「大切にしていること」があり、それなりによい効果や、反対に誰の方法にも「よくない効果」も出ているようです。

　ここでは、各職員が介護において大切にしていることと、よくない効果が表れるかもしれない点から、3人の特徴についてまとめてみましょう。

相沢介護職員の特徴
①大切にしていること

②よくない効果

川上介護職員の特徴
①大切にしていること

②よくない効果

鈴木介護職員の特徴
①大切にしていること

②よくない効果

第1章　第1節

✏️ ワーク5　書いた内容を交換する

1　**ペア**　ワーク4で書いた内容を、ワーク2と同様に情報交換をしてみましょう。

```
となりの人の話から気づいたこと
①

②


前後の人の話から気づいたこと
①

②

```

✏️ ワーク6　クラス全体でまとめる

1　**全体**　ワーク3と同様に、この話し合いのなかで気がついたことについて、まとめていきましょう。

```
他の人の報告から気がついたこと
①

②


まとめるなかで気づいたこと
①

②

③

```

✏️ まとめ

　介護職員が、介護を行うために、いろいろと「考えながら」行っているということが理解できましたか。また、よりよい介護を考えるためにどのような準備をしているか、気がつきましたか。この節で作ったイメージをもって、他の節のワークに取り組みましょう。

考える介護のイメージ

🔍 ふりかえり

下記の項目について、チェック欄に該当するマークをつけましょう。

できた＝◎、少しできた＝○、あまりできなかった＝△、できなかった＝×

項　目	チェック
1．となりや前後の人との情報交換からの気づきを全て2項目以上書けましたか。	
2．まとめるなかで気づいたことを全て2項目以上書けましたか。	
3．介護をする時には、考えながら行うということを友人などに説明できるようになりましたか。	

※△もしくは×がついた場合は、ワークブックを読み返し、改めて学習しましょう。

第1章 第2節

第2節 なぜ「考える介護」を展開するのか

👆学びのポイント

・介護にかかわる職員がなにを考えて、「介護」を行っているのか考える。
・利用者の望んでいる介護はなにかを考える。

🗝キーワード

利用者の生活課題　　介護ニーズ　　介護観（個々の人々の介護の考え方）　　根拠にもとづく介護　　個別ケア

📖学びの基礎知識

　あなたは「介護」という行動にどのようなイメージを抱いていますか。あなたが、自分なりのイメージを描いているのと同じように、職員も、利用者本人も、ご家族の方々も、それぞれにイメージを描いています。これを「介護観」と言います。
　介護職の介護観は、当然職員の介護行動に影響しますから、一人ひとりがどういう介護観をもっているのか知っておくことは、介護過程を考える上で大切なことです。また、介護職の介護観はあまりにもバラバラだと困りますので、このようなテキストで学習を深めておくことが大切です。
　「介護」をどう展開するかは、最終的には利用者が望む生活を実現していくことです。しかし、利用者も、自分がどうしたいのかをはっきり表現できない場合も少なくありません。そういう場合は、特に介護職の介護観が大きく影響してきます。

✏ワーク1　意見をまとめる

　第1節では、Aさん（あなた）の実習先の特別養護老人ホームで、各介護職員が各自の方法で松田さんの介護を行っていたことを取り上げ、ワークを行いました。ここでは前節で感じたことを、少し深めていきます。それぞれの職員がなにを考えて利用者に対して介護を行っているのか考えてみましょう。

なぜ「考える介護」を展開するのか

1 **個 人** まず、相沢介護職員の介護について考え、以下の欄に記入しましょう。その後、川上介護職員、鈴木介護職員の介護についても同様に考えて以下の欄に記入してみましょう。

相沢介護職員の介護が松田さんの気持ちや今後の生活に与えるよい影響

①

②

相沢介護職員の介護が松田さんの気持ちや今後の生活に与える悪い影響

①

②

相沢介護職員がこういう介護を行う理由（あるいは根拠）・あなたの予想

①

②

川上介護職員の介護が松田さんの気持ちや今後の生活に与えるよい影響

①

②

川上介護職員の介護が松田さんの気持ちや今後の生活に与える悪い影響

①

②

川上介護職員がこういう介護を行う理由（あるいは根拠）・あなたの予想

①

②

第1章　第2節

鈴木介護職員の介護が松田さんの気持ちや今後の生活に与えるよい影響
①

②

鈴木介護職員の介護が松田さんの気持ちや今後の生活に与える悪い影響
①

②

鈴木介護職員がこういう介護を行う理由（あるいは根拠）・あなたの予想
①

②

✏️ ワーク2　意見を交換する

1 **グループ**　グループで、相沢介護職員の分から順に、全員の意見を出し合って、「よい影響」「悪い影響」「理由」のそれぞれについて、共通する項目と意見が食い違う項目に整理しましょう。また、自分とは違った意見があれば、メモしておきましょう。

　これを、川上介護職員の分と鈴木介護職員の分も繰り返しましょう。

　その後グループで、どの介護が一番よいと考えるか、それはなぜそう考えるかを、全員の前で報告できるように、次の空欄にまとめましょう。

一番よいと考える職員の介護⇒
そう考える理由①

　　　　　　②

なぜ「考える介護」を展開するのか

✏ ワーク3　クラス全体でまとめる

1 　**全　体**　各グループから報告があります。その内容のなかから気がついた疑問点や、感想を箇条書きで書き留めておきましょう。

```
他のグループの報告から気がついたこと
①


②




まとめるなかで気づいたこと
①


②


③

```

✏ ワーク4　質問シートを作る

1 　**個　人**　ワーク3までの過程で、一番大切なことは、「松田さんがどう考えているか」だということがわかりました。そこで、Aさんは松田さんの希望について、実習指導者の田中さんに聞いてみました。田中さんは直接答えてはくれず「松田さんに『排泄時にはどういう介護をしてほしいのか』を直接聞きなさい。その際、なにをどう聞くか、質問の表を作ってくるように」と指示されました。その時に田中さんは、「排泄に関する心身の状況や、周りの条件も影響するでしょうね。また、松田さんはあなたの何倍もの長い人生を送ってきているよね。その人生の経験と、今して欲しい介護とは関係しているかもしれませんね」というヒントをくれました。そこで、質問シートを作って、田中さんに見せることになりました。次のページに、その質問シートを作ってみましょう。

第1章　第2節

```
◎松田さんへの質問シート　　…実習生A…作成
①

②

③

④

⑤

⑥

⑦
```

✏ワーク5　グループで質問シートをまとめる

1　**グループ**　ワーク4で作成した内容を、ワーク2で構成したグループで報告し合いましょう。この報告であがったよい質問をグループでまとめます。その後クラス全体に発表できるよう、模造紙にまとめましょう。

✏ワーク6　クラス全体でシェアする

1　**全　体**　ワーク5ができあがったら全体へ向けて、各グループの質問シートを報告します。そこで、気がついた疑問点（なぜ、それを聞かなければいけないのかわからない点など）や、自分たちの質問シートの改善に役立ちそうな点をメモしておきましょう。質問はそれぞれのグループの報告が終わったところで質問しておきましょう。

```
他のグループの報告から気がついたこと（質問を含む）
①

②
```

```
まとめからのメモ
①

②

③
```

📎 まとめ

　事例に登場する3人の介護方法には、それぞれメリットとデメリットがあり、どれが本当に適切な介護なのか迷います。しかし、それぞれの職員の介護の方法が違うというのは、介護を学ぶ実習生としてはよいチャンスです。そこで、それぞれの職員がどう考えて、そういう介護を行っているかを理解することに努めましょう（ワーク4の質問シートは少し作り直せば、この3人の職員への質問シートにもできる点に注目してください）。

　そして、介護は当然松田さんの生活課題に即して行われるのですから、松田さんがどう考えているのかを伺うことが大切です。しかし、松田さんに準備もなしに聞いても、よりよい介護を行える材料を収集するのは難しいでしょう。きちんと質問シートを準備した上で、松田さんの希望を伺います。その後、松田さんの生活をさらに幅広くとらえ直し、今後の予測を立てて検討していきましょう。

🔍 ふりかえり

　下記の項目について、チェック欄に該当するマークをつけましょう。
できた＝◎、少しできた＝○、あまりできなかった＝△、できなかった＝×

項　目	チェック
1．3人の職員の「考える介護」の内容や特徴を複数項目記入することができましたか。	
2．3人の職員の「考える介護」の内容の「理由」も、全て記入することができましたか。	
3．自分なりの質問シートを、そのシートを使って質問できるように完成させることができましたか。	

※△もしくは×がついた場合は、ワークブックを読み返し、改めて学習しましょう。

第1章 第3節

第3節 状況を観察する1
・・・自分の見聞きしたことを記録する・・・

👆 学びのポイント

・利用者の生活課題を理解するために、観察の方法を学ぶ。
・観察の内容を正確に記録する。
・「観察したことをありのままに」伝えていく力を身につける。

🔑 キーワード

情報収集　　観察　　事実　　記録　　アセスメント

📖 学びの基礎知識

　介護における繰り返し行われる仕事は、利用者の様子を把握するアセスメントです。このアセスメントでは、さまざまな情報収集と、それらの情報をのちに活用できるように記録することが求められます。そのために、このアセスメントでは特に、人物やものごとの状態やその変化を客観的に注意深く見る能力が求められます。観察は利用者に出会った瞬間から始まります。この時、単に「見る」のではなく、「観察するために見る」力、つまり「観察力」をもつことが大切です。観察という場合は、単に見るだけではなく、五感（視覚・聴覚・嗅覚・触覚・味覚）を働かせて、状況を読み取っていく必要があります。さらに、そのことは、自分の周囲で起きている事象について正確に把握すると同時に「いつもと違うこと」や「どこが違う」「なにが違う」「人と違う」など具体的な違いに気づく力を身につける前提となっていきます。

✏️ ワーク1　連絡用記録を作る①

1　**個人**　Aさん（あなた）が、実習指導者の田中さんとともに、訪問介護サービスを行うために利用者の中村さんのお宅に伺ったところ、（田中さんの話では）普段はきれいにしてある入口に靴やスリッパが散乱していました（写真1－1参照）。Aさんは田中さんから、いつもと違うその場の状況を、訪問介護事業所に戻ってサービス提供責任者に伝えるべく、記録を書くように言われました。さしあたり、ありのままに書いてみましょう。

状況を観察する1

写真1-1　中村さん宅の入口

✏️ワーク2　記録内容を確認する

1 ペア　ワーク1で作成した記録を、左右・前後の学生と見せ合い、①不正確な（イメージが間違って伝わりそうな）記述がないか、②記入漏れになっている事項がないか、③図1-1からは必ずしも読み取れないことが記入されていないか、④この記録は5W1H（第2章第7節参照）のうち、どれとどれが記録可能か、などを確認しましょう。これらがもしあれば、修正したり、加筆したり、削除したりしておきましょう。削除した箇所や修正前の部分の内容が後でも見えるように二重線で消しましょう。

第1章　第3節

✎ ワーク3　クラス全体でシェアする

1 **全 体** ワーク2で行った①②③④を確認しながら、記録漏れ等がないように完成させておきましょう。特に④に注目し、写真1-1からは、どこまで記録が可能なのか、なにが読み取れないのかを次の空欄にまとめましょう。

```
まとめるなかで気がついたこと
①


②


③


④

```

✎ ワーク4　連絡用記録を作る②

1 **個 人** Aさんが、中村さんのお宅に入っていくと、洗濯機の周辺（写真1-2）と、物置として使われているらしい部屋（写真1-3）の光景を目にしました。田中さんから、この状況も報告するので記録を作るように言われました。ワーク1と同様に、さしあたり、ありのままに書いてみましょう。

写真1-2　洗濯機周辺

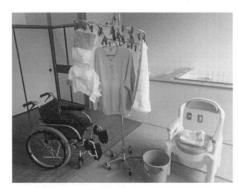

写真1-3　物置になっている部屋

状況を観察する1

中村さん宅の洗濯機周辺（写真1－2）

中村さん宅の物置になっている部屋（写真1－3）

ワーク5　記録内容を確認する②
1　ペア　ワーク4で作成した記録を、ワーク2と同様に確認しましょう。

ワーク6　クラス全体でシェアする
1　全体　ワーク2で行った①②③④を確認しながら、この記録を全員でシェアし、どういう点でミスをしやすいか確認しましょう。また、特に④に注目し、なにが読み取れないのかを次の空欄にまとめましょう。

まとめるなかで気がついたこと
①

②

③

④

第1章　第3節

✎ まとめ

　日常生活のできごとのなかから、自分の目の前で起きていることを文章にするためには、ものごとの状態を客観的に注意深く見る能力、つまり「観察力」が必要になってきます。そのためには、普段からものごとに興味・関心をもつことが必要です。そのようにしていかないと、見えるものも見えてこなくなってしまったり、逆に見えていないのに見すぎてしまったりするからです。ワークブックのなかでも意識して観察力を磨(みが)いていきましょう。

🔍 ふりかえり

　下記の項目について、チェック欄に該当するマークをつけましょう。
できた＝◎、少しできた＝○、あまりできなかった＝△、できなかった＝×

項　目	チェック
１．ありのままの状況を、まんべんなく５項目以上観察結果として書けましたか。	
２．観察したことを、正確に文章にすることができましたか。	
３．５Ｗ１Ｈのうち、表現可能な記録だけにとどまっていましたか。	

※△もしくは×がついた場合は、ワークブックを読み返し、改めて学習しましょう。

・・・コラム・・・

介護職員の身を守る「記録技術」

　介護福祉の仕事では、時にさまざまな苦情や、事故に遭遇することがあります。ほとんどの場合は利用者さんとのトラブルなので、一般的には介護職員のほうが強者と見なされますから、介護職員が責められるケースも少なくありません。仕事は一人対一人なので、他に証言をしてくれる人もいない場合、介護職員（自分自身）の身を守るのは、正確な記録しかありません。このワークブックでは、介護過程のアセスメントの一環として観察や記録を学んでいますが、文字に書かれた「記録」には、自分の身を守る、つまり、記録されている内容が事実とみなされますから、不正確な記録では自分を守れないという意味もあることも考えて、丁寧に学んでください。

第4節 状況を観察する2
…自分の見聞きしたことをほかの人にわかるよう伝える…

学びのポイント

・今起こっていることを客観的に記録する。
・正確に事態を伝えるために、5W1Hを学ぶ。

キーワード

観察　　記録　　情報の伝達　　5W1H　　客観的事実

学びの基礎知識

　介護にかかわる人が、利用者に日中夜間と一日中直接かかわることはできませんので、記録などを含めた情報の共有が介護にかかわるチーム全員の連携のためにも必要になります。
　共有する情報の記録は、5W1H（When：いつ、Where：どこで、Who：だれが、What：なにを、How：どのように（Why：なぜ））や具体的な数値（「How much：いくら、How many：いくつ」縦1cm、横2cmの大きさや5分後など）を用いて、まずは事実を正確に共有することが必要になります。
　この時に、客観的事実と、自分が感じたり、思ったり、考えたりしたこと（主にWhy）は、厳密に区別されることが必要です。この部分の整理の仕方はワーク6でふれます。
　なお、5W1Hについては第2章第7節も参照しましょう。

ワーク1　高齢の利用者と介護職員のロールプレイングを見て記録を書く

1　**個人**　先生が行う5〜7分程度の「高齢の利用者と介護職員の動きの多いやり取り」を見て記録を書きましょう。
　書き切れない場合に備えて、A4程度の大きさの次のページのようなフォーマットを記入した用紙を数枚用意しておきましょう。なお、記入する前に、用紙に6分間分の仕切りを入れて、演技中は5W1Hなどのポイントやキーワードだけを、余白をどんどん取りながら記入していきます。演技終了後、まだ記憶が残るうちに、余白をできるだけ埋めていきます。

第1章　第4節

時間	高齢の利用者の動き	介護職員の動き
0分		
1分		
2分		
3分		
4分		
5分		

ワーク2　記録のなかで欠けている点を補充する

1　**グループ**　次に4〜5人でグループをつくりましょう。このグループで、助け合ってどうしても思い出せない記録の穴を埋めます。全員が、時間進行にしたがって記録を読み上げて確認していく方法や、埋まらない部分をお互いに聞き合う方法など、情報交換の進め方はいくつかありますので、グループで進めやすい方法で、お互いに記録を完成させましょう。この際、記録用紙に書き加えるところは、色の違う筆記具で書き込むようにしましょう。

状況を観察する2

✐ワーク3　再現してみる

1 **グループ** 記録の穴が埋まって、6分間の記録ができたら、今度はその記録を使って、忠実に再現してみましょう。5W1Hを意識しながら利用者と介護職員の二人一組で2回繰り返してみると、記録では再現ができない見落としていた点が見えてくるでしょう。記録になにが欠けているのか、なぜそういう欠落が起きてしまったのか、クラス全体に報告できるように、確認しておきましょう。

再現がうまくいかなかった点、なぜそうなったのか
①
②

✐ワーク4　学習成果をシェアする

1 **全体** 各グループからどこの再現がうまくいかなかったのか、報告します。その報告の後で、どうすれば見落としのない報告が書けるのか、次の空欄にメモしておきましょう。

見落としのない記録を書くコツ	
①	②
③	④
⑤	⑥
⑦	⑧

第1章　第4節

✎ワーク5　主語・述語、時制、状態、動態などの確認をする

1　**個　人**　再現してみたら再現できない部分があるという観察記録は、まだ完成ではありません。ではどこが完成ではないのでしょうか。一つは、ワーク4で指摘されたように、観察のポイントです。もう一つは記録の書き方、言い換えれば日本語の表現方法の問題です。次にあげるのは、特に重要な日本語表現の注意事項です。

①主語・述語の記述：記録文では、これがとても大切です。「誰が」なにをしたとなる、主語−述語の関係がしっかりしていないと、正確に記録できません。そのためにも一つの文は短く切り、あまりに長い文は避ける方がよいでしょう。

②時制：その事実がいつ起きているのかを示す表現です。過去に起きたできごとか、現在起きているできごとか、未来で起こると考えられるできごとか、を表現するものです。記録は一般的に過去に起きた内容を書くことになることが多いので、過去形になるはずです。一方で、ワーク1の記録は、現在起きていることを書くので、現在形になります。

③状態：その事実は、「起きた」（過去完了形）のか「起きていた」（過去進行形）のかという違いです。ものごとが終わってしまっていれば、完了形になりますし、続いていれば進行形になります。

④動態：主語から見て、「している」（能動態）なのか「されている」（受動態）の違いです。これも、「介護職員は食事介助をしている（能動態）」「利用者は、食事介助をされている（受動態）」など、表現方法によって雰囲気が違って伝わります。

あなたの書いたワーク1の記録は、これらの法則にしたがって問題点はないでしょうか。点検してみて、疑問がある表現に関してはアンダーラインを引き、どう書き代えればよいか、記入してみましょう。また、各項目で、何回アンダーラインを引いたかを確認し、そうなった原因を考えて記入しましょう。

	チェック件数	そうなった理由
①主語・述語		
②時制		
③状態		
④動態		

✎ワーク6　客観的事実以外の推測や、形容(詞)が含まれていないか確認する

1　**個人**　もう一つの点検箇所は、事実ではない推測の記述がないかどうかです。客観的記録に推測を記入してはいけないということはありませんが、事実の記述と明確に区別されている必要があります。この推測から、「Why」に関する記述ができるようになりますし、またそれがないと、記録全体がわかりにくいという点もあるでしょう。しかし、Whyはそれだけ記録全体を決定づけてしまうので、よほど注意深く推測していく必要があります。

　また、再現がしにくく、人によってイメージの異なりがちな、形容詞はあまり使いません。「大変」「とても」などや、主観的観察の表現となりそうな「暑苦しい」や「肌寒い」なども避けた方がよいでしょう。「汚い（形容詞）」などがどうしても必要であれば、「汚れている（形容動詞）」と表現するなどの工夫が必要でしょう。

　それではワーク1で記述した記録のなかから、客観的事実とそれ以外を以下の表のなかに整理してみましょう。

	①	理由
推測の混同	②	
	①	理由
形容詞の乱用	②	

✎ワーク7　記録を確認し合い、問題点を指摘し合う

1　**グループ**　ワーク2からワーク6を終えて、あなたの記録用紙は、かなり書き込みが多くなっているでしょうが、最後に、修正や問題点の点検箇所などが適切かどうか、グループで点検しましょう。その過程でお互いに気がついたことをメモしておいて、相互にコメントを行います。その上で、グループのなかで共通に出た問題点を、クラス全体でシェアできるように、取りまとめておきましょう。

第1章　第4節

さんの分	目立つ問題点
さんの分	目立つ問題点
さんの分	目立つ問題点

✎ワーク8　学習成果をシェアする

1 **全 体** 各グループから表現上の問題点の整理結果を報告される内容を聞きながら、気がついたことをまとめておきましょう。また、どうすれば適切な表現で客観的に観察結果を伝えられるか、次の空欄にメモしておきましょう。

観察結果を書く上での表現のコツ
①

②

③

④

状況を観察する2

✎ まとめ

　介護職員は、利用者の日々の状況を観察記録として残し、関係者で情報を共有する必要があります。

　もし利用者の体調に変化があった場合なども５Ｗ１Ｈを基本とし、When：体調の変化などに気づいた時間、Where：場所、Who：だれが、What：なにに気づいたか（Why：なぜ気づくことができたか）、How：どのようなに対応したか、体温・脈拍・血圧なども具体的な数値として確認し、報告と記録をすると、他の人にも状況がわかりやすい内容になります。５Ｗ１Ｈは、主語・述語、時制、状態、動態といった日本語表現の注意事項とならんで文章の基本であり、このワークブックのワークの解答もこれにのっとって記述していきましょう。

🔍 ふりかえり

　下記の項目について、チェック欄に該当するマークをつけましょう。
できた＝◎、少しできた＝○、あまりできなかった＝△、できなかった＝×

項　目	チェック
１．記録は、表情や手足の動きを再現ができるところまで完成度を高められましたか。	
２．観察について５Ｗ１Ｈを考慮して行えましたか。	
３．情報の伝達、記録について日本語表現の注意事項と５Ｗ１Ｈで行えましたか。	
４．表現に関するあなたの個性を２～３点書き出せましたか。	

※△もしくは×がついた場合は、ワークブックを読み返し、改めて学習しましょう。

第1章　第5節

第5節　聞き取る・聴き取る
・・・他者とのかかわり方を確認する・・・

👆学びのポイント

・アセスメントで最も重要な会話のなかでの情報収集について学ぶ。
・他者との信頼関係を深める会話の展開方法を学ぶ。
・アセスメントに必要な質問の方法を修得する。

🔑キーワード

他者理解　　自己覚知　　受容・共感　　聴く（傾聴）　　訊(き)く（質問）

📖学びの基礎知識

　介護における情報収集を行うためには、第3・4節にあげた観察の他に、利用者から直接お話を聞く質問の技法があげられます。質問方法としては、①「はい」「いいえ」で答えられる「閉じられた質問」、②利用者が自由に発言でき、心の奥にある想いにふれられる「開かれた質問」があります。また、③「矢継ぎ早の質問」「なぜ？の質問」「評価的な質問」「遠回しの批判となる質問」「重複する質問」など、利用者に対してあまり適さない質問もあります。
　まずは自分自身が利用者に質問をする際に、その場面や内容に適した質問ができているかを確認していく必要があります。また、質問内容の深さという点においては、利用者との信頼関係も大きく影響してきます。利用者との信頼関係を築くための基本視点である聴く（傾聴）の姿勢や、さまざまな質問の技法について、学んでいきましょう。

✏️ワーク1　自己紹介を通じて、他者理解を深める

1　**個人**　先生から指示されたいくつかのテーマ（誕生月、血液型、好きな動物など）について、そのテーマごとに自分にあてはまるグループをお互いに声をかけあって作ります。グループごとで、先生に指示された内容のみ、まずは、そのテーマの内容を中心に、自己紹介を行いましょう。他のグループより先に終了した場合は、そのテーマに限らず、お互いにコミュニケーションをはかりましょう。

聞き取る・聴き取る

✏️ ワーク2　テーマに関しての自己紹介について

1 　個　人　実施後、自分が選んだテーマが話しやすかった理由について、また、他の人とのかかわりがスムーズに進んだ理由を以下に記入しましょう。

自分が話しやすかった理由

他の人とのかかわりがスムーズに進んだ理由

　記入後、自己紹介や、コミュニケーションの取り方のコツについて気づいたことを、メモしておきましょう。

---

①

②

③

第1章　第5節

✎ワーク3　聴く姿勢について学ぶ

1　ペア　自分が今朝からこの講義に出席するまでの行動について、相手に対して同じ内容を聞く姿勢の違いに対応して3回話しましょう（各2分程度）。聞く側は、①1回目は相手に背中を向け、視線をあわせず（テキストを見る、周りの景色を見るなど）反応を返さずに聞きましょう。②2回目は相手の正面に位置し、視線をそらさず凝視しましょう。③3回目は斜め前に位置し、視線をあわせ、その都度相づちを打ち、話の内容に反応しながら（傾聴の姿勢で）聴きましょう。①から③まで実施したら、役割を交代しましょう。1人あたり6分間で行いましょう。

実施後それぞれの反応に対し、感じたことを話す側、聴く側の立場から以下に記入しましょう。

記入が終了したら、お互いに書いた内容を報告し合って、共通点と違う点を整理しておきましょう。違いがあった点は、メモしておきましょう。

【話す側】

①の場合	
②の場合	
③の場合	

【聞く側】

①の場合	
②の場合	
③の場合	

聞き取る・聴き取る

✏ ワーク4　「聞く」姿勢が話し手に与える影響
1　個 人　お互いの報告が終わったら「聞く」姿勢が話し手にどういう影響を与えるかについて学び、結果をメモしておきましょう。

①

②

③

④

⑤

✏ ワーク5　閉じられた質問、開かれた質問の実践
1　ペ ア　相手を理解するために、回答が「はい」「いいえ」になる閉じられた質問と、自由に答えられる開かれた質問を行いますので、まず、自分はどういう内容の質問をするか、以下にまとめましょう。

【閉じられた質問】

①

②

③

④

⑤

第1章　第5節

【開かれた質問】

①

②

③

　この質問を使って、二人一組になって、実際に試してみましょう。
①閉じられた質問を使って相手に5つ質問をしてみましょう。
②開かれた質問を使って相手に3つ質問をしてみましょう。
③①、②でも使った閉じられた質問、開かれた質問を織り交ぜながら、自由に話題を広げて会話を5分間続けてみましょう。

　実施後、①から③について考えたことを、プラス面、マイナス面の視点で、聴く側、答える側のそれぞれの立場で以下に記入しましょう。

①閉じられた質問

訊く側（プラス面）
訊く側（マイナス面）
答える側（プラス面）
答える側（マイナス面）

②開かれた質問

聴く側（プラス面）
聴く側（マイナス面）
答える側（プラス面）
答える側（マイナス面）

③閉じられた＋開かれた質問＋自由に広がる会話

聴く側（プラス面）
聴く側（マイナス面）
答える側（プラス面）
答える側（マイナス面）

第1章　第5節

✎ ワーク6　質問の仕方で、気持ちが変わる

1　個　人　お互いの報告が終わったら、質問の仕方が相手にどう影響し、答えもどう変化してくるかに関して学び、結果をメモしておきましょう。

①

②

③

④

⑤

⑥

⑦

✏まとめ

　今回のワークを通して、自分のコミュニケーションの傾向を始め、さまざまな質問の技法を体験し確認できたのではないでしょうか。利用者一人ひとりに応じた質問が重要であることは、よく理解できていると思います。しかし、いざ実践の場に出た際に、頭では理解できていることを実行することは、体験しておかないと難しいのではないでしょうか。

　介護過程における情報収集、特に利用者とのかかわりのなかで得られる情報は、利用者の生活課題やニーズに直接結びついてきます。かかわりの基本的原則に「傾聴」がありますが、介護職が傾聴していると思い込んでいても、利用者が「この人は自分の話をよく聴いてくれている」と感じていただけなければ、意味を失ってしまいます。その結果として、得られる情報の質に差ができてしまいます。

　そのためには、傾聴のポイントでもある、受容・共感の姿勢から、利用者の状況・状態に合わせて、その方のニーズを明らかにしていきましょう。

🔍ふりかえり

　下記の項目について、チェック欄に該当するマークをつけましょう。
できた＝◎、少しできた＝○、あまりできなかった＝△、できなかった＝×

項　目	チェック
1．他者に対して、自分から話しかけられましたか。	
2．他者の表情や身振りから心情を感じ取ることができましたか。	
3．閉じられた質問、開かれた質問を理解し、使い分けられましたか。	

※△もしくは×がついた場合は、ワークブックを読み返し、改めて学習しましょう。

第1章 第6節

第6節 観察結果にもとづく背景と展望の推測
・・・「考える」とはどうすることか・・・

👆学びのポイント

- さまざまな進め方のなかから最も基本的な、分類・分析、比較、組み立て（構造化）について学ぶ。
- 普段、無意識に行っている原因や展望の推測を、意識的に行う。

🔑キーワード

分析　　分類　　比較　　構造化

📖学びの基礎知識

　私たちの日頃の行動を振り返ってみると、ほとんどの場合はあまり考えることもなく瞬間的に反応していることに気づきます。しかし、介護職として利用者とかかわる時は、その利用者にふさわしい内容を考えてかかわることが必要です。では、どうやって考えるのでしょうか。日常生活で無意識に行っているので、いざ「考えてください」と言われても、という人も多いでしょう。そこで、ここでは最も一般的な考える方法である、①分類・分析（５Ｗ１Ｈなどの要素に分解・分類して、比較の視点にする）、②比較する（量的、質的、時間的など）③組み立て（なぜ違うのかという推測や、要素を構造的に組み立てる、つまり構造化する）について学びましょう。

　なお実際には、③の結論にもとづいて方向や手順を明確にして行動していくことになります。ただし、③の結論は、「仮説」でしかありませんから、常に考え続けることも大切です。

✏ワーク１　３週間の変化（分類し、比較する）

1　**個人**　第３節の事例で登場した中村さん宅の入口です。初めて行った日（写真１－４）と３週間後（写真１－５）に訪問した時では、いろいろと違っていました。この違いについて、まず、比べる視点をあげてみましょう。その上で、その視点ごとにどう違うかを整理してみましょう。比べる視点はいくつ増やしてもよいです。

観察結果にもとづく背景と展望の推測

写真1-4　初めて行った日の様子

写真1-5　3週間後の様子

	比べる視点	初めて行った日	3週間後
1			
2			
3			
4			
5			

✎ワーク2　分類（分析）し、比較する

1 **グループ**　まず、このグループで分類の視点を確認しましょう。次に比較内容を確認しましょう。グループで情報を出し合うことで、見落としのない比較表を完成させましょう。自分が気づかなかった点は、表に加筆しましょう。また、なぜ気がつかなかったのかについても考えてメモしておきましょう。

第1章　第6節

✏ ワーク3　なぜ違うのか推測する

1 **個人** 次に、前のページの表にある比べる視点、「初めて行った日」と「3週間後」の違いをふまえて、「なぜ違うのか」を推測してみましょう。その際、まず一つひとつの項目ごとに検討を行い、次に複数の視点や違いに着目して推測を行ってみましょう。また、推測を行う際に、他の科目で習った介護などに関する知識も活用しましょう。

	視点	違い	なぜ違うのか・推測項目
1			
2			
3			
4			
5			

✏ ワーク4　グループで確認する

1 **グループ** 一人ひとりで行ったワーク3の内容を、グループで報告し合いましょう。その報告を聞きながら、自分が気づかなかったことは、なぜそうなるのかが納得できたら表に加筆しましょう。納得がいかなければどうしてそうなるのか質問しましょう（この質疑を行うことで考えを深められます。このように考えを深めることはとても重要です）。納得がいく場合は、自分はなぜ気づかなかったのかについても考えてメモしておきましょう。全員の意見が出そろったら、①それぞれの推測項目同士の関係を図解化（構造化）してみましょう。②その図解も参考にしながら、どの推測項目が最も重要かについて話し合って順位づけを行いましょう。

観察結果にもとづく背景と展望の推測

✎ワーク5　学習成果をシェアする

1 **全 体**　グループで討議した内容、特にワーク4の①と②についてクラス全体でシェアしましょう。図解化、重要度の順位、先生のアドバイスなどについてメモしておきましょう。

他のグループの図解から学ぶ

①

②

③

他のグループの順位づけから特に「なぜ、そうなるのか」を中心に学ぶ

①

②

③

先生のアドバイスから学ぶ

①

②

③

④

第1章　第6節

📎 まとめ

　介護場面では緊急事態を除き、反応を瞬間的に行うことはあまり重要ではありません。それよりもしっかり考えて丁寧な判断していくことが大切ですし、少し長い時間で見れば、その方が効率的でもあります。今後は、さまざまな場面での対応に関して、この節で学んだような「考えること（思考過程）」を、なるべく早く頭のなかで行って反応していく練習を日々積み重ねていきましょう。このように介護職として行動する場合は、「考えつつ行動すること」がとても大切になります。

🔍 ふりかえり

　下記の項目について、チェック欄に該当するマークをつけましょう。
できた＝◎、少しできた＝○、あまりできなかった＝△、できなかった＝×

項　目	チェック
1．比較する視点を作り出せましたか。	
2．比較の内容は適切でしたか。	
3．比較結果をふまえて推測に関しては適切でしたか。	
4．図解化や優先順位づけを自分一人でもできるようになりましたか。	

※△もしくは×がついた場合は、ワークブックを読み返し、改めて学習しましょう。

第7節　自分のものの見方を確認する

👆学びのポイント

・観察や聞き方や考え方やその記録については、それを行う人特有の傾向があるということ、人はそれぞれ、その人特有のものの見方、とらえ方、考え方があることを学ぶ。
・なぜこういう傾向（「バイアス」という）が発生するのか、その原因を学ぶ。

🗝キーワード

生活歴　世代　価値観　死生観　客観視　想像力　バイアス

📖学びの基礎知識

　考える介護（介護過程）の展開においては、高齢者や障害のある人など、個々人がなにを求めているのか知り、それがどのような状況から生じているかを把握することが求められます。「大事に思っていること」や「暮らし方」といった生活歴または「死生観」等、世代や性差によっても考え方、ものの見方といった価値観は異なります。それらを的確にとらえるには、自分の考え方やその傾向を客観視し、それを知っておくことも重要です。

　普段は意識することなく、自分なりの価値観やそれまでの経験からものごとを判断しています。自分はどのように考えているのか、偏見や先入観など、自分自身の傾向に気づかない場合が多く、自分を理解することは案外難しいことなのです。自分自身を理解できないならば、他人を理解することはさらに難しいことだとも言えます。

　演習を通して自分を知るとともに世代間の相違について理解を深めましょう。

第1章　第7節

✏️ ワーク1　「もったいないねえ」

　個　人　次の事例を読んで考えましょう。

> **事例**　トイレ後の金子さんの行動
> 　実習生のAさんは、利用者の金子サキさん（70歳代、女性、要介護3）がおやつ前にトイレに行く様子を見ていました。金子さんは、トイレを済ませ手を洗いペーパータオルで拭きました。使い終わったペーパータオルを「もったいないねえ」と言いながら、テーブル上できれいにたたんでポケットに入れました。おやつ後、金子さんを居室まで誘導したところ、ベッドのまくら元にペーパータオルが重ねてありました。金子さんはポケットに入れていたペーパータオルをその上に重ねました。

1　個　人　①金子さんの行動や言葉について、あなたはどう感じ、どう思いましたか。あなたが「感じたこと、思ったこと」を書きましょう。

　②金子さんの行動や言葉には、どのような理由や背景があると考えましたか。あなたの「考え」を書きましょう。

①「感じたこと、思ったこと」
＊1
＊2
②理由や背景についての「考え」
＊1
＊2

2　グループ　グループメンバー間で①と②に書いた内容を全員が報告しましょう。その報告を聞いて、新たな気づきや発見等を書きましょう。全員が共通に気づいた点を後でクラス全体に報告できるように、まとめておきましょう。また、誰も言わなかった、自分独自の「感じたこと、思ったこと」や、理由や背景について「考えた」ことを、それぞれ自分なりに確認し、その項目に印をつけておきましょう。

〈共通して気がついたこと〉
①「感じたこと、思ったこと」について
＊1

＊2

②理由や背景について「考えたこと」について
＊1

＊2

ワーク2　「ありがたい、ありがたい」

個人　次の事例を読んで考えましょう。

> **事例**　田島さんの思い
>
> 実習生のAさんは、利用者の田島スエさん（90歳代、女性、要介護3）から「寝る前に今日も生きられてありがとうございましたと祈っている」「起きた時には、今日も生きている。ありがたい、ありがたいと手をあわせている」と伺いました。

1　**個人**　①田島さんの行動や言葉について、あなたはどう感じ、どう思いましたか。あなたが「思ったこと」を書きましょう。

②田島さんの行動や言葉には、どのような理由や背景があると考えましたか。あなたの「考え」を書きましょう。

①「感じたこと、思ったこと」
＊1

＊2

②理由や背景についての「考え」
＊1

＊2

第1章　第7節

2 　グループ　先ほどのグループメンバー間で、ワーク１－２と同様に報告し合って、新たな発見や気づきを書き、自分独自の項目に印をつけておきましょう。
　　また、この２つのワーク全体を通して、グループ全員が共通して気がついたことをクラス全体に報告できるようにまとめておきましょう。

〈共通して気がついたこと〉
①「感じたこと、思ったこと」について
＊１

＊２

②理由や背景について「考えたこと」について
＊１

＊２

ワーク３　世代間の特徴を知る

1 　全　体　クラス全体に、グループで「共通して気がついたこと」を報告しましょう。
　　そこで出た意見が、皆さんと高齢者世代のほぼ共通の意識の違いです。

他のグループの報告から学ぶ（皆さんと高齢者世代の意識の違い）
①

②

③

先生のアドバイスから学ぶ
①

②

③

自分のものの見方を確認する

✎ワーク4　自分の発想の「傾向」を知る

1　**個人**　ワーク1-2、2-2で求めておいた（ワーク3-1での共通事項整理にあてはまらない）自分独自のものの見方にはどのような傾向があったかを整理しましょう。

自分独自の「感じたこと、思ったこと、考えたこと」の特徴について

＊1

＊2

＊3

✎まとめ

　私たちは自分のものの見方から判断し行動しています。「介護過程」においては世代によって異なる考え方や感性といった生活観を理解しようとする姿勢が求められます。「消耗品の使い方」「食べ物は残さない、捨てない」「着るものは繕うことが当たり前だった」という物が乏しい時代を生きた人々の物の価値観を知ってかかわらなければ、よりよい関係は結べないでしょう。また人によっては思考や意見にかたよりや先入観をもつという「バイアス」があります。これらも考慮し、自分とは異なる暮らし方や死生観を理解し「大事に思っていることはなにか」を想像することが求められます。

🔍ふりかえり

　下記の項目について、チェック欄に該当するマークをつけましょう。
できた＝◎、少しできた＝○、あまりできなかった＝△、できなかった＝×

項　目	チェック
1．自分の見方、とらえ方、考え方等の特徴を3項目程度書き出せますか。	
2．生活歴によって異なる高齢者と若い人々の価値観等の違いの内容を3項目程度書き出せますか。	
3．他者の見方を理解するために必要なことを3項目あげられますか。	

※△もしくは×がついた場合は、ワークブックを読み返し、改めて学習しましょう。

第1章 第8節

第8節 問題解決型の思考過程について

学びのポイント

・問題解決思考やPDCAサイクルとはなにかを理解する。
・普段の生活において無意識に行われている問題解決（なにか行動を起こす前に頭のなかで行われていること）を意識化する。

キーワード

問題解決思考　課題の分析　仮説　意思決定　PDCAサイクル

学びの基礎知識

　介護過程のなかでは、大小さまざまな問題に直面する場合があると思います。それを解決するためには「問題解決思考」を学んでおくとわかりやすいでしょう。「問題解決思考」

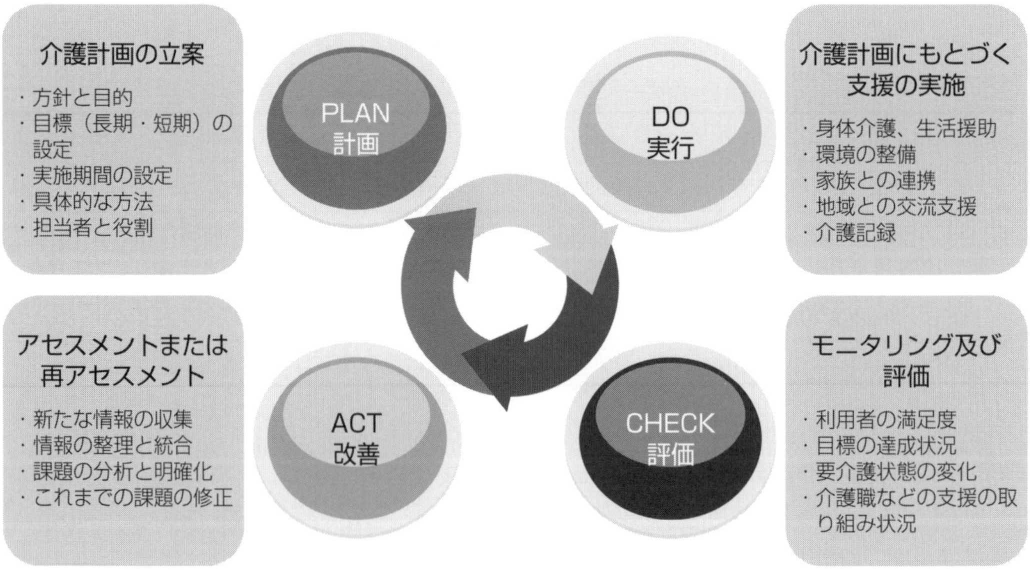

介護計画の立案
・方針と目的
・目標（長期・短期）の設定
・実施期間の設定
・具体的な方法
・担当者と役割

介護計画にもとづく支援の実施
・身体介護、生活援助
・環境の整備
・家族との連携
・地域との交流支援
・介護記録

アセスメントまたは再アセスメント
・新たな情報の収集
・情報の整理と統合
・課題の分析と明確化
・これまでの課題の修正

モニタリング及び評価
・利用者の満足度
・目標の達成状況
・要介護状態の変化
・介護職などの支援の取り組み状況

PLAN 計画 / DO 実行 / CHECK 評価 / ACT 改善

図1-7　PDCAサイクル解説図

とは簡単に言えば、浮かび上がってくる問題の解決計画を中心に考えるということです。最近、この「問題解決思考」は介護福祉に限らずさまざまな産業分野で必要になっていて、いろいろな進め方が紹介されていますが、ここでは「介護過程」で使える最も基本的な進め方を学びましょう。

なお、この「問題解決思考」という言葉が使われる以前から、問題解決について、PDCAサイクルという進め方がよく使われていました。これは、Plan（計画）、Do（実行）、Check（評価）、Action（改善）の４つの単語の頭文字を並べたものです。「問題解決思考」はこのPDCAサイクルとほぼ同様のものと考えておけばよいでしょう。

ただし、第６節でもふれているように、難しく考える必要はありません。私たちは実はこの「問題解決思考」を無意識に利用して、日常生活を送っているのです。この節では、無意識に行われている「問題解決思考」を、意識化してみることを学びましょう。なお、「問題解決思考」ですので、「問題」に取り組むのですが、日々介護を続けていると、だんだん感覚が麻痺してきて、なにが「問題」なのかがわからなくなることがあります。問題を見つける鋭敏な感覚を失わないように努力しましょう。

ワーク１　問題解決思考の取り組み

個人　次の事例を読んで考えましょう。

事例　誕生日会のプレゼント

実習生のAさん（あなた）たちは、実習指導者の田中さんから、利用者の誕生日会のプレゼントになにを贈ればよいか（これが課題）考えるように言われました。この実習先の施設はまだ新しく、今まではプレゼントを贈ることはしていなかったのですが、７月から新しく始めたいとのことでした。実習生の自由な発想で考えてほしいというのと、予算は利用者に対して一人分500円程度ということだけが条件でした。棟ごとに考えるので、担当のユニットの該当者は松田サクラさん（83歳・女性）、山本林太郎さん（86歳・男性）、渡辺ハルさん（95歳・女性）の３人です。その方々を対象に考えればよいのですが、田中さんに確認したところ、他の人へのプレゼント計画への配慮も必要だろうとのことでした。なお、担当のユニットの利用者たちは、要介護度３〜４の方々が中心です。

Aさんは実習生５人とともに、なにをプレゼントすればよいか考えるべく、まずは情報を集める枠組みをつくって、それとなく他の利用者の皆さんから取材を始めました。その結果、松田さんは和菓子が好物で、山本さんは若い頃、山登りが趣味だったということ、渡辺さんは花を育てることが好きだったということがわかりました。この情報をもとに、枠組みを使って情報の分析・解釈を行いました。

情報の収集・分析・解釈					
利用者	利用者が好きな物	利用者が欲しい物	費用見積もり	準備に必要な条件	来年以降の候補
松田	和菓子	草まんじゅう	300円	職員のみが使用する冷蔵庫	小さくきざめる和菓子など
山本	山登り	山の写真が入った写真立て	500円	職員のみが使用する倉庫	山本さんの山登りの姿の写真
渡辺	花	居室にかざる花束	200円	職員のみが使用する倉庫	渡辺さんの好きな花の鉢植え

このアセスメントから利用者に贈るプレゼントは次のように決まりました。

課題の確認・目標設定
松田サクラさん（83歳・女性）の誕生日には（　　　　草まんじゅう　　　　）を贈る。
山本林太郎さん（86歳・男性）の誕生日には（　　山の写真が入った写真立て　　）を贈る。
渡辺　ハルさん（95歳・女性）の誕生日には（　　　居室にかざる花束　　　）を贈る。

次に、誕生日会を行うにあたって、どのような計画でプレゼントを渡せばよいか、田中さんに提出する具体的な誕生日会の計画を立てることにしました。

具体的な計画（田中さんに提出する案）						
利用者	プレゼント内容	準備する方法	プレゼントの出すタイミング	メッセージはどうする？	プレゼンター	職員による準備項目
松田	草まんじゅう	百貨店の和菓子屋で購入	音楽が鳴ったら	箱を作って、その中に入れる	お孫さんが来て渡す	お孫さんとの連絡
山本	山の写真が入った写真立て	施設の近所にある雑貨店で購入		写真立ての裏にメッセージを書いたシールを貼る	昔の山仲間が渡す	以前、訪問してきた山仲間との連絡
渡辺	居室にかざる花束	施設内の花壇から花束をつくる		花束にメッセージカードをつける	以前の実習生から渡す	渡辺さんとよく話していた以前の実習生との連絡

　その後、実習指導者の田中さんへ誕生日会の計画を報告し、誕生日会を開催できることになりました。当日、計画通りに誕生日会は開催され、松田さん、山本さん、渡辺さんにプレゼントを渡すことができました。3人は非常に喜んでくださいました。
　その後、実習指導者の田中さんから誕生日会について「よくがんばりました。ただ、それぞれのプレゼントが、物として残るもの、残らないものがあったので、そのようなバランスも考えられるとよりよくなりますね。また、ほかにも気づいた点を自分たちでまとめて、10日後に行う別のユニットの誕生日会に生かしてください」といった感想とアドバイスをもらいました。

問題解決型の思考過程について

1 **グループ** 田中さんからもらったアドバイスや事例をもとに、情報の収集でつくった「枠組み」について適切だったか、誕生日会の計画についても適切に立てられていたか検証を行います。グループでこれらについて気づいたことをあげ「Check 検証」に書きましょう。それをもとに、次回の誕生日会でどこを改善していけばよいかグループで考えて「Action 改善」に書きましょう。

Check 検証	・ ・ ・
Action 改善	・ ・ ・

✎ワーク2 検証、改善をもとに次の計画を立てる

1 **グループ** ワーク1であげた検証、改善をもとに、10日後に開催する別のユニットの誕生日会の計画を立てましょう。今回の該当者は橋井軍司さん（83歳・男性）、福島よしさん（96歳・女性）、片山倫太郎さん（90歳・男性）の3人です。

橋井さんは自転車が好きで、若い頃は何台も所有していたそうです。福島さんはおしゃれをすることが好きです。元気な頃にはお裁縫が得意で、自分や家族の服も全て自分でつくっていたということを職員から聞きました。片山さんは時代劇が好きで、普段から談話室のテレビで時代劇を鑑賞しており、俳優にも詳しいという情報を収集することができました。この設定をもとに、ほかには、どういう情報を収集し、具体的な誕生日会の計画を立てればよいかグループで話し合い、課題分析と計画作成表を完成させましょう。

第1章　第8節

課題分析と計画作成表

<table>
<tr><td rowspan="20">P l a n 計 画</td><td colspan="7">情報の収集・分析・解釈</td></tr>
<tr><td>利用者</td><td>利用者さんが好きな物</td><td>利用者さんが欲しい物</td><td>候補決定理由</td><td>費用見積もり</td><td>準備に必要な条件</td><td>来年以降の候補</td></tr>
<tr><td>橋井</td><td></td><td></td><td></td><td></td><td></td><td></td></tr>
<tr><td>福島</td><td></td><td></td><td></td><td></td><td></td><td></td></tr>
<tr><td>片山</td><td></td><td></td><td></td><td></td><td></td><td></td></tr>
<tr><td colspan="7">課題の確認・目標設定

　橋井　軍司さん（83歳・男性）の誕生日には（　　　　　　　　　　　　　　　）を贈る。

　福島　よしさん（96歳・女性）の誕生日には（　　　　　　　　　　　　　　　）を贈る。

　片山倫太郎さん（90歳・男性）の誕生日には（　　　　　　　　　　　　　　　）を贈る。</td></tr>
<tr><td colspan="7">具体的な計画</td></tr>
<tr><td>利用者</td><td>プレゼント内容</td><td>準備する方法</td><td>プレゼントの出すタイミング</td><td>メッセージはどうする？</td><td>プレゼンター</td><td>職員による準備項目</td></tr>
<tr><td>橋井</td><td></td><td></td><td></td><td></td><td></td><td></td></tr>
<tr><td>福島</td><td></td><td></td><td></td><td></td><td></td><td></td></tr>
<tr><td>片山</td><td></td><td></td><td></td><td></td><td></td><td></td></tr>
</table>

✐ まとめ

　問題解決思考について、利用者の誕生日のプレゼントを例に行ってきましたが、何度も選び取る（比較検討）場面が出てきたことに気がつきましたか。問題を見つけ、解決するためにも「選択肢は多いほどに合理的な判断ができる」のです。もちろん、この合理的な判断を下すためには、さまざまな情報をどう組み立てて考えるか（第6節参照）の方法をしっかり身に着けておく必要があります。

　このように問題解決思考は、これからみなさんが人生で出会う問題にも応用することができます。普段の生活において無意識に行われている問題解決（なにか行動を起こす前に頭のなかで行われていること）を意識化したものなのですから、常に意識的に取り組んで、この方法に慣れていけば、介護過程の実践に非常に有効です。

◯ ふりかえり

　下記の項目について、チェック欄に該当するマークをつけましょう。
できた＝◎、少しできた＝○、あまりできなかった＝△、できなかった＝×

項　目	チェック
1．普段の生活において、問題解決思考を応用しながら生きている事例を2つあげられますか。	
2．今後2週間の生活のなかで出てきそうな課題を2つあげられますか。	
3．行動を起こす前に計画をする、「考えて行動する」ことが無意識に行われていたと思うことを2つあげられますか。	

※△もしくは×がついた場合は、ワークブックを読み返し、改めて学習しましょう。

展開編

第2章 介護過程のプロセスについて学ぶ

　介護過程とは、利用者に対する、介護職の支援のプロセスのことです。このようなプロセスにそうことは、行き当たりばったりでない適切な支援を行う上で、とても重要な意味をもっています。

　たとえば、「歩くことができない人に車いすに乗ってもらい、移動介助をする」ことや「右手が麻痺して動かない人に、スプーンで食事介助をする」こと等は、一見そのような支援が適切であるように思えます。

　しかし、本当にそうなのでしょうか。その利用者は車いすを自分で操作することができるかもしれませんし、自分の左手で箸を使って食事をとることができるかもしれません。どのような支援が必要なのかを短絡的に判断するのではなく、確かな情報にもとづいて分析をすること、そして、それを根拠として適切に支援することが介護職には求められます。

　第2章では、根拠にもとづいた支援をするための流れと方法について、各段階に分けて学んでいきます。

第2章 第1節

第1節 介護過程全体のプロセス

学びのポイント

・介護過程の全体像を理解する。
・介護過程の各段階について、その内容を理解する。

キーワード

インテーク　　アセスメント　　介護計画の立案　　実施　　モニタリング　　評価
終結

学びの基礎知識

●介護過程の流れ

　介護を実践するための一連の流れは、図2－1のように分解することができます。このワークブックでは介護者が利用者に初めてかかわり、その支援が終わるまでを「インテーク」から「終結」までの各段階に分けました。「介護過程」とは、これらすべてを含む概念です。

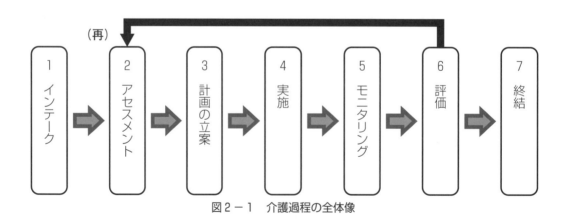

図2－1　介護過程の全体像

●インテーク

　介護職がある特定の利用者の介護を実践する場合、必ずそれを行うことになったきっかけがあります。たとえば、観察によって介護が必要な状況に気づいたり、利用者本人や家族から介護が必要な状況であることを聞かされたり、あるいは介護支援専門員（ケアマネジャー）から依頼があったり、というような場合です。介護過程のインテークとは、このような介護が必要な利用者、あるいは介護が必要な場面との出会いの段階を指します。

　この段階で必要なことは、利用者の主訴（利用者が考えていると思われる最も重要な解決すべき課題）に気づくことと、良好な関係を築くことです。利用者の生活を支援するために、利用者から信頼を得ることは大変重要です。信頼していない介護職に、いったい誰が本当の気持ちを話すでしょうか。

　インテークは、利用者の生活を支えていくきっかけとなり、利用者との良好な援助関係を構築するための非常に重要な段階です。

●アセスメント

(1)アセスメントのための情報収集

　利用者の生活を支援していくためには適切な介護計画を立てなければなりませんが、そのためにはいろいろな情報が必要です。ケアマネジャー等から申し送られる（連携して支援するために伝えられる）情報もありますが、それらを参考にしつつも、介護職は自分で見て、自分で聴くことを心がけねばなりません。

　情報には、観察によってわかるものなどの客観的情報と、利用者が感じている主観的情報があります（図2−2参照）。たとえば、「居室の室温は35度であった」ということは、客観的な事実ですが、「これぐらいの温度はまったく暑くない」との利用者の発言は、その利用者の主観によるものです。

　これらはどちらも重要ですので、介護職はよく観察し、利用者の言葉を聴き逃さないように気をつけなければなりません。

(2)アセスメント（収集した情報の整理・統合と分析、課題の明確化）

　利用者や家族等から得られたいろいろな情報を整理・統合し、課題を分析・明確化する段階です（図2−2参照）。収集された情報は、整理しなければただの情報でしかありません。さまざまな情報を照らし合わせ、複数の情報を結びつけ、それらを分析することによって、利用者の生活課題が明確になってきます。潜在的な生活課題を導き出すためには、介護職は思考を十分に働かさなければなりません。

　これらの生活課題が、どのような支援を行うかの根拠となります。まず、利用者の生活課題を明らかにして、さらにそれらのなかでなにが一番優先されるかを考えます。

　介護過程の一連の流れのなかでも、アセスメントは特に重要です。適切なアセスメン

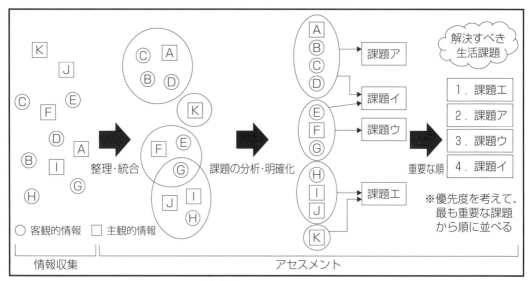

図2-2　情報収集からアセスメントまでの概念

トができていないと、利用者が本当に必要で、効果のある支援ができないからです。

「アセスメント」とは、単なる情報収集のことではありません。情報を整理・統合して分析することが、アセスメントの本質であることに留意しましょう。

●計画の立案

アセスメントにもとづき、介護計画を作成します。介護計画では、どのような方向性であるのか（方針）、利用者はどうありたいのか・介護職はなんのために支援を行うのか（目的）、を初めに明らかにします。たとえば、一人暮らしの方であれば、このままの生活を続けたいのか、家族の誰かと一緒に暮らしたいのか、または、施設へ入り生活したいのかによって、生活課題の優先順位、なにを行うのか（目標）も変わってくると考えられるからです。

●実施

介護計画にそって、介護職が利用者の生活支援を実践し、利用者が目標に向かっていく段階です。介護職は単に実践するだけではなく、その実践を記録します。

●モニタリング

利用者への支援が適切に行えているのか、介護計画にそった支援となっているのか、介護計画と実際の状態がかけ離れていないか等について確認し、評価する段階をモニタリングと言います。モニタリングは、利用者の状態から介護計画の効果を見るばかりではなく、介護職の支援の方法や利用者を取り巻く環境の変化等も評価します。

たとえば、利用者への支援が適切に行えていないとしたら、それは介護計画にそった支援ではないことが考えられます。また、利用者の状態が変化し、介護計画の立案時とは異なっていることも考えられるでしょう。

これまでの支援を振り返り、現状を客観的に判断し、介護計画の実施状況を評価します。より適切な支援を行う上で、非常に重要な段階であるといえます。

● 再アセスメント

モニタリングの結果をふまえて評価した後、介護計画を見直す（修正・変更）ために再度アセスメントを行います。利用者の状態の変化や、周囲の環境の変化は、常に顕在化しているとは限りません。そういう意味では、モニタリングの結果として一見新たな課題が見つからなくても、モニタリングとともに定期的に再アセスメントを行うことは重要です。

● 評価

利用者への支援は、課題の解決、利用者の転居、利用者の死亡等のさまざまな理由で最後には終結します。事後評価とは、そのような支援の終結にあたって、介護職のこれまでの取り組みを振り返り、また、利用者や家族等へのアフターケアを行う段階です。

支援がすべて終結してからその総合評価を行うのではなく、総合的な評価を行って初めて、介護過程は終結すると考えます。

● 終結

これまでの取り組みの評価を終えた段階で、介護過程は終結します。今後、将来的には生活の支援が必要になることが考えられる場合でも、特に支援を要さなくなれば、一旦終結となることがあります。

まとめ

介護は、介護福祉士等の専門職でなくても、誰が行ってもよい行為です。確かに誰が行ってもよい行為ですが、誰でもがそれを適切に行うことができるかというと、必ずしもそうとはいえません。利用者を主体に考え、人としての尊厳を守り、自立につながるような支援でなければなりません。ただ単に「できないことをやってあげる」のではないのです。

そのためには、どのような時に、どのような場所で、どのような支援が必要なのか、また、なぜ必要なのかをよく考えなければなりません。介護過程は、「介護」行為の根拠を見出し、適切な支援を行うための一連の手順ですので、その方法をしっかりと身につけましょう。

第2章　第1節

🔍 ふりかえり

　下記の項目について、チェック欄に該当するマークをつけましょう。

できた＝◎、少しできた＝○、あまりできなかった＝△、できなかった＝×

項　目	チェック
1．介護過程とはなんのためにあるのかを、説明することができましたか。	
2．介護過程の7つの段階を、順にあげることができましたか。	
3．介護過程の各段階の、内容を説明できましたか。	

※△もしくは×がついた場合は、ワークブックを読み返し、改めて学習しましょう。

第2節　インテーク〈初めての出会い〉

学びのポイント

- 介護過程におけるインテークの位置づけを理解する。
- 利用者の主訴を見つけるという、インテークの意味と意義を理解する。
- 助言や指導ではなく、まずは傾聴することにより、利用者との信頼関係（ラポール）を築くことの大切さを理解する。
- 共感や受容と、肯定の違いを理解する。

キーワード

信頼関係　　ラポール　　共感　　受容

学びの基礎知識

　利用者やその家族と初めて出会い、日常生活で困難に感じていること等を初めて聴く段階をインテークと言います。ここで求められるのは、まず利用者やその家族との信頼関係（ラポール）を築くということです。

　利用者やその家族は、困難な状況を必ずしも自分から話してくれるとは限りません。初めて出会う介護職に、いきなり全てのことを話すことができるでしょうか。話しづらい内容だったとしたらなおさらです。また、本当は困難な状況にあるにもかかわらず、その状況に利用者や家族が気づいていないということも考えられます。客観的にはなにかしらの課題があるように見えても、利用者や家族にはその状況が理解できていない場合もあります。反対に、外部からはなにも課題がないように見える場合でも、非常に困難な状況を抱えていたり、利用者や家族が困難と感じていたりする場合もあります。

　通常、インテーク時には、利用者や家族と介護職との関係は、確立されていないことがほとんどですので、まずは関係づくりをすることが必要となります。介護保険施設等で介護職が介護計画を立てる際、介護支援専門員や生活相談員から利用者やその家族の状況等を申し送られることがあります。だからといって利用者や家族と面接をしなくてよいのではありません。まずは信頼関係を築くために、そして、今後の情報収集とアセスメントの

ために、インテークは重要な意味をもっているのです。

　すでに介護支援専門員や生活相談員が面接を済ませ、詳細な情報をそれらの専門職から伝えられたとしても、介護職は自分自身で利用者や家族から直接、話を聴かなくてはなりません。自分の目で見て、自分の耳で聴き、自分の五感を十分に使って利用者や家族がなにをどのようにしていきたいと思っているのかを感じ取ることが必要です。利用者や家族との面接は、介護職が介護計画を立案するためには必ず必要です。

✐ワーク1　利用者とその家族を知る

　個　人　次の2つの事例を読んで考えましょう。

> 事例　山本さん親子との出会い
>
> 　介護支援専門員からの申し送りによると、山本辰子さん（81歳、女性、要介護1）はデイサービスに通所して来る時はいつも同じ服装であり、その衣服は洗濯されていないとのことでした。主介護者は同居している娘の山本美紀さん（51歳、会社員、独身）です。辰子さんは、食事をとる時間も毎日不規則なようです。娘の他には同居している家族が誰もいないため、通所時以外は日中独居という状況です。

1　個　人　あなたが辰子さんに初めて会う時、どのように声をかけますか。その理由も書きましょう。次の①〜④より1つ選び、その理由も書きましょう。
①お洋服がよくお似合いですね。
②その洋服がお気に入りなんですか。
③ここでお洗濯できますから着替えてください。
④その他

理由

2　個　人　あなたが初めて美紀さんに会う時、介護職としてどのように接したらよいでしょうか。次の①〜④より1つ選び、その理由も書きましょう。
①これまで母親の介護をしてきたことをねぎらう。

②着替えをしないことは介護放棄であり、これは高齢者虐待にあたることを理解してもらう。
③生活の乱れを整えるよう指導する。
④その他

理由

事例　美紀さんの気持ち

　美紀さんの話を聴いていたら、「本当はもうこれ以上、介護なんかしたくないです。家事だって実は苦手なんです。なんで私ばかりが犠牲にならないといけないのですか。本当は兄が面倒を見るべきですよ。でも兄は今外国で暮らしているので私がやらないと仕方がない状況なんですが……。もう、限界です」と言い出しました。

3　**個 人**　あなただったら介護職としてどのように応じますか。次の①〜④より１つ選び、その理由も書きましょう。

①「そんなに嫌だったら、もう介護はしなくてもいいですよ。誰だってやりたくないのは同じですから」と心から共感する。
②「あなたが見なければ誰が見るのですか。あなたを育ててくれたお母さんですよ」と、一時的な感情に流されないように注意する。
③「介護が大変なのですね」と受け答え、美紀さんの言葉をまつ。それ以上はなにも言わないようにする。
④その他

理由

第 2 章　第 2 節

✎ まとめ

　介護職の役割とはなんでしょうか。介護をやってあげることでしょうか。それとも、指導することでしょうか。厳密に考えれば、どちらでもありません。利用者が自分でできるように支援する、自分でできないところを支援する、または、その環境を整えることが介護職の役割です。そのためには、まず信頼関係を築くことが大切です。もし、利用者や家族と信頼関係を築くことができなければ、介護計画を立案することは困難です。介護計画は、介護職だけが作成するものではありません。そこには介護計画の当事者である利用者や、介護の一翼を担っている家族の意向が反映されていなければなりません。信頼関係ができていなければ、利用者は介護職に本音で話すことができませんから、いくら介護計画を作ったとしても真の意味で利用者本人が望むような生活の実現を目指すものにはなりません。また、そもそも主訴を把握することができません。

　それでは、信頼関係を築くにはどのような対応が求められるのでしょうか。それには、まず相手の話を傾聴することが大切です。こちらが聞きたいことを聞くのではなく、利用者や家族が話したいこと、訴えたいことをまず聴くという姿勢が大事です。

　また、その内容を共感的に理解することです。これは、必ずしも相手の考えや意見を肯定するということではありません。本節の事例にもありましたが、家族による介護が十分に行われていないような状況があったとしても、それを批判するのではなく、そのような状況にならざるを得なかったという事実を受容することが、信頼関係を築くためには必要です。

🔍 ふりかえり

　下記の項目について、チェック欄に該当するマークをつけましょう。
できた＝◎、少しできた＝○、あまりできなかった＝△、できなかった＝×

項　目	チェック
1．介護過程におけるインテークの重要性を説明することができますか。	
2．インテーク時には、なにに留意するべきかを2つ以上あげることができますか。	
3．共感・受容と肯定の違いが説明できますか。	

※△もしくは×がついた場合は、改めてワークブックを読み返し、学習しましょう。

第3節　アセスメント1〈情報の収集〉

👉 学びのポイント

・観察や言語的・非言語的コミュニケーションを通じた情報収集について考える。
・客観的で根拠にもとづいた情報を収集することの必要性を学ぶ。

🔑 キーワード

観察　　言語的コミュニケーション　　非言語的コミュニケーション

📖 学びの基礎知識

　利用者からの情報収集には、介護職自身の視覚や聴覚、触覚など五感を用いた「観察」、利用者との会話を通した「言語的コミュニケーション」、身振りや手振りといった言葉を用いない「非言語的コミュニケーション」などがあります。こうしたコミュニケーション以外にも、記録から情報を収集する方法もあります。

　利用者から収集する情報には、観察などから把握できる「客観的情報」（たとえば「居室から食堂まで休まず歩いた」「体温が37.5度であった」等）と利用者自身が自ら語る「主観的情報」（たとえば「歌をうたうのは楽しい」「とても暑い」等）があります。収集される情報がどういった性質のものであるのかを理解し、客観的、主観的という2種類の情報を収集することは、利用者の望む生活がどういったものなのかという利用者の意思を尊重し、根拠にもとづく介護計画の立案につながります。また、収集する情報は、利用者の心身状態や家族関係、住居などの生活環境や地域の社会資源、他者との交流頻度など多岐にわたります。そのため、一度きりの情報収集ではなく、何度か情報を収集することを試みる必要もあります。

✏️ ワーク1　観察による情報収集

1　個 人　次の写真は、先日、特別養護老人ホームに入所した田山リキさん（84歳、女性、要介護3）です。この写真からどのようなことを情報として収集することができるでしょうか。次の空欄に書きましょう。

第2章　第3節

写真の説明：田山さんは、居室で過ごしています。もうすぐ、
　食堂に歩いて移動する時間です。

```
写真から収集した情報
・
・
・
```

2　グループ　グループ内で写真から得た情報について発表しましょう。自分とは異なる
　情報がある場合は、次の空欄に書きましょう。

```
自分とは異なる情報
・
・
・
```

ワーク2　コミュニケーションを通しての情報収集

グループ　鈴木介護職員役、田山さん役、事例の冒頭と人物の動作等を示す○の部分を
　読む役を決め、メンバー全員へ聞こえるように読みましょう。

> **事例**　田山さんと鈴木介護職員との会話
>
> ○田山さんの担当である鈴木介護職員は、介護計画の立案に向けて田山さんから情報を収集することになりました。
> 鈴木：田山さん、よろしかったら、お家で生活していた頃のお話を聞かせてもらえませんか。
> 田山：そうだねぇ。私はね、夫を戦争で亡くした後、役所に勤めながら子どもを一人で育てたの。大変だったけど、大学まで出させたのよ。
> 鈴木：一人でお子さんを育てるなんてすごい。ご苦労されたのですね。
> ○田山さんは、目をつぶって深くうなずきました。
> 田山：子どもが大学を出て勤めを始めてからは、ずいぶん気が楽になってね。
> 鈴木：それはよかったですね。
> ○田山さんは、鈴木介護職員の顔を見て微笑みました。
> ○鈴木介護職員は、田山さんとの話を進めるうちに、田山さんが詩吟を趣味にしていたことを知りました。

アセスメント1〈情報の収集〉

> 鈴木：田山さん、詩吟はどれくらいやられていたんですか。
> 田山：定年後、ずいぶんやったものですよ！　大きな声で詩吟を歌うと、気持ちがすっとして……。お弟子さんもたくさんいたのよ。
> 鈴木：すごいですね！　本格的にやられていたのですね。実は毎月、詩吟教室をボランティアさんがやってくださっているのですが、今度、参加してみませんか。
> ○鈴木介護職員が田山さんの目を見て話すと、田山さんは鈴木介護職員から視線をそらしました。
> 田山：ここに入所している人が参加しているのでしょ。
> ○田山さんは、顔を大きく横に振りました。
> 鈴木：田山さんが参加してくれたら、皆さんも喜ぶと思いますよ。参加してほしいです。
> 田山：そうねえ。施設の皆さんは詩吟ができるのかしら？
> 鈴木：田山さんと食堂で席が向かいの、松本さんも参加されていますよ。
> ○田山さんは、鈴木さんからまたも視線をそらしてしまいました。

1　**個　人**　鈴木介護職員が会話から得た、田山さんに関する情報を次の空欄に書きましょう。

田山さんに関する情報
・ ・ ・

2　**個　人**　田山さんの表情や視線などからわかる田山さんの気持ちについて考え、次の空欄に書きましょう。

田山さんの気持ち
・ ・ ・

第2章 第3節

3 **グループ** ワーク1-1、ワーク1-2で書いた田山さんに関する情報、気持ちをメンバー間で発表し、田山さんがどのような人物であるのかを考え、次の空欄に書きましょう。

```
田山さんの人物像
・
・
・
```

4 **全 体** グループごとに、ワーク1-3であげた田山さんがどのような人物であるのかを発表し、新たにわかったことや自分たちのグループとは違った意見を、次の空欄に書きましょう。

```
自分たちのグループとは違った意見
・
・
・
```

📎まとめ

　情報収集の方法においてまず重要なことは、利用者自身から情報を得ることです。利用者が自ら語ることにきちんと耳を傾けることがなによりも大切です。
　学びの基礎知識でもふれましたが、利用者から情報を収集する際には、「客観的な情報」と「主観的な情報」の両方を収集する必要があります。また、ワークで実践したように、利用者からの情報収集は、言語的なものだけではありません。介護職員の五感を使い、利用者の気持ちや変化に気づき、感じ取ることが必要です。

🔍ふりかえり

　下記の項目について、チェック欄に該当するマークをつけましょう。
できた＝◎、少しできた＝○、あまりできなかった＝△、できなかった＝×

項　目	チェック
1．観察から情報が得られる例を3件以上あげられましたか。	
2．言語、非言語のコミュニケーションを通して情報を収集することがわかりましたか。	
3．グループ討議を通して、利用者の情報や気持ちについて自分の意見を伝え、他者と意見交換し、話し合うことができましたか。	

※△もしくは×がついた場合は、ワークブックを読み返し、改めて学習しましょう。

第 4 節　アセスメント 2〈情報の統合化〉

学びのポイント

・ICFの概念を用いて情報の統合方法を理解する。
・情報を統合することにより利用者の全体像や生活課題がわかることを理解する。

キーワード

情報　　統合　　ICF（国際生活機能分類）　　因果関係　　相互関係

学びの基礎知識

　情報を統合するということは、生活課題を明確にする上で必要です。しかし、情報を統合するには、収集した情報をやみくもにつなぎ合わせるだけではできません。情報を統合する上では、情報同士がお互いに、因果関係や相互関係（情報同士が互いに作用し合う、あるいは互いに影響し合う）などによって結びつくものでなくてはいけません。
　ある一つの情報が、他の情報との間にどのような関係性を有しているのかについては、心身や介護などに関する知識と生活や介護の経験から情報を解釈することにより、見出すことが可能になります。
　この節では、情報と情報の結びつきの関係性を把握する上で、ICF（国際生活機能分類）の構成要素間の相互作用図を用いて考えていきます。

ワーク1　時間軸で考える

個 人　事例を読みましょう。

> **事例**　山田サービス提供責任者が話す武田さんの話
>
> 　武田竹夫さん（76歳、男性、要介護1）は、訪問介護サービスを利用しています。
> 　武田さんは、一人息子が結婚して隣町に移ってから妻と2人で暮らしていました。長年、大手企業の工場に勤務していましたが、退職してからは、町内会の会長として町内での祭事を取り仕切り、夜回りを率先して行っていました。5年前に妻が心不全で急死した際は落ち込んで

いたものの、町内会の役割を休むことなく行っていたようです。妻が亡くなってからは、一人暮らしをしていました。

3年前、町内の神社のお祭りへ参加している際に脳梗塞を発症しました。その時は、地域の人たちが救急車を呼んだり息子夫婦に連絡を取ったりしてくれました。このときのできごとについて、武田さんは、地域の人に迷惑をかけてしまったと今でも恥じています。また、これ以降、町内会の会長も辞め、町内の祭事にもあまり顔を出さなくなってしまいました。

脳梗塞の治療をしていた病院を退院後、リハビリテーション病院へ転院しリハビリを行い、その後、自宅に復帰しました。自宅に復帰する際、息子夫婦が同居することを武田さんに提案しました。しかし、武田さんは、息子夫婦に「まだ自分1人で生活ができるのに馬鹿にするな」と怒り、同居の提案を拒否しました。この時から、息子夫婦との関係が悪化してしまいました。

在宅生活を継続するにあたり、退院直後（2年半前）から訪問介護サービスとデイケアを利用しています。また、自宅室内に手すりが設置されました。訪問介護サービスの利用当初は、訪問介護員の訪問に気兼ねをして口数も少なかったのですが、今は訪問を楽しみにしています。デイケアでのリハビリにも力を入れていましたが、現在は、リハビリよりも入浴を楽しみにしているようです。デイケアへ行かない日中は、テレビを見たり新聞を読んだりして過ごしています。ときどき訪問してくれる隣家の人には、気丈にふるまっているようですが、訪問介護員には「息子たちはどうしているのか」「自分がもっと動ければ、こんな思いをしなくて済んだのに」と不安そうに話すことがあります。

1 **個 人** 情報を時間軸でとらえてみましょう。山田サービス提供責任者が話す武田さんの話を読んで、以前（脳梗塞発症前と退院直後）と現在の武田さんを比べて、どのような変化があったのかについて書きましょう。

```
どのような変化があったのか
・
・
・
・
```

✎ワーク2　情報の関係性を考える

情報の関係性について考えてみましょう。次の「ICFの構成要素間の相互作用図」（図2-3）は、山田サービス提供責任者が武田さんのモニタリングを行った際に作成したものです。

アセスメント2〈情報の統合化〉

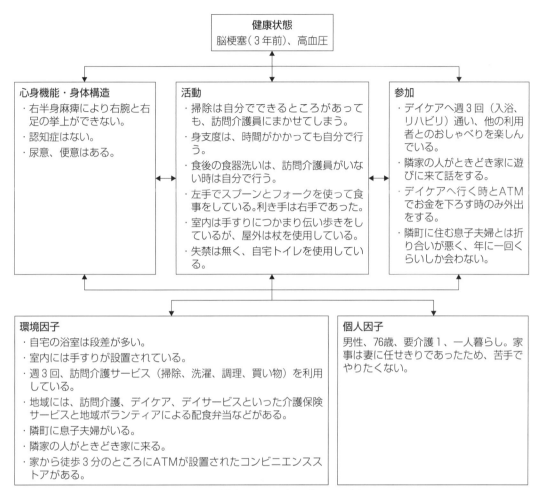

図2-3　ICFの構成要素間の相互作用図（武田さん）

1 **個　人**　構成要素間の矢印の方向に対して、どのような関係性（因果関係、相互関係など）があるのかを考え、次の空欄に書きましょう。

構成要素間	関係性
環境因子→参加	例：デイケアの利用と隣家の人の訪問により、他者とのかかわりができている。
心身機能・身体構造→活動	
環境因子→活動	
参加→心身機能・身体構造	

第2章 第4節

2 **グループ** 図2−3で示されている構成要素間の相互作用の関係性とワーク1−1でまとめた武田さんの変化をふまえて、武田さんの全体像について考え、次の空欄に書きましょう。

武田さんの全体像

3 **全体** ワーク2−2でまとめた武田さんの全体像についてグループごとに発表をしましょう。他のグループの発表を聞いた感想を次の空欄に書きましょう。

他のグループの発表を聞いた感想

まとめ

　情報を統合する上では、情報と情報がどのような関係性をもっているのかを見抜くことが大切です。また、情報は、現在の利用者の状態や利用者を取り巻く状況を中心として、以前はどうであったのかといった過去の情報についても収集し統合する必要があります。そうしたことが、利用者の全体像の把握へとつながり、今後（未来）に向けた支援の内容や方法を検討することにもつながっていきます。

ふりかえり

　下記の項目について、チェック欄に該当するマークを記入しましょう。
できた＝◎、少しできた＝○、あまりできなかった＝△、できなかった＝×

項　目	チェック
1．ワーク1−1で武田さんに起こった変化を3つ以上書くことができましたか。	
2．構成要素間の矢印の方向ごとの関係性について、自分の考えを書くことができましたか。	
3．情報を統合することから、利用者の全体像について、グループ内で話すことができましたか。	

※△もしくは×がついた場合は、ワークブックを読み返し、改めて学習しましょう。

第5節　アセスメント3〈課題の分析・明確化〉

👆学びのポイント

・整理・統合された情報から、生活課題を分析し明確化する。
・生活課題を優先順に並び替えて整理する。

🔑キーワード

生活課題　　明確化　　優先順位

📖学びの基礎知識

　介護職は利用者にどのような支援をしていけばよいのでしょうか。アセスメントによって導き出された生活課題は、支援のための根拠となります。ここでは、まず、生活課題とはなにかを考えてみましょう。たとえば、「8年前に発症した脳梗塞の後遺症のために、左半身麻痺になった。今は要介護3の状態であるが、3年後にはフルマラソンの大会に出場して完走したい」という79歳の男性がいるとしたら、それはその方の生活課題といえるでしょうか。

　生活課題を考える際は、「利用者はなにを求めているのか」（希望・要望）と「利用者にはなにが必要なのか」（必要性）を、明確に分けて考えなければなりません。たとえば、「フルマラソン大会で完走したい」という意向は、その方の生きる目標であったり、また希望になるかもしれません。だからといって、「フルマラソン大会で完走する」ことがこの方の生活課題ではありません。介護職に「フルマラソン大会で完走したい」と話した理由を考え、本当に必要なことはなんなのかを考えます。

　介護過程では、生活課題をもとに目標を設定し介護計画を立案しますので、生活課題は身体介護や生活援助（家事援助）の根拠となります。そのため、得られた情報を分析し、生活課題を明確化することがとても重要なのです。

✏ワーク1　利用者の希望する支援について考える

　個　人　次の事例を読んで考えましょう。

第2章　第5節

> **事例　武田さんの望むこと**
>
> 　武田竹夫さん（76歳、男性、要介護1）は、現在、デイケアを週3回利用しています。デイケアで血圧をはかるといつも高く、入浴できないことがよくあります。デイケアの看護師からは、受診をすすめられています。武田さんは、脳梗塞後遺症のため右上下肢麻痺の状態であり、自宅の浴室では一人で入浴することができません。お風呂好きな武田さんは、以前は近所の銭湯にも週に1度は通い、そこで顔なじみの人と将棋を指すことが楽しみでした。
>
> 　訪問介護事業所の訪問介護員として武田さん宅で週2日の生活援助を行っている横山訪問介護員は、デイケアの職員から①血圧が高いことを申し送られました。また、これまでの観察や武田さんとの会話から、②右上下肢麻痺の状態であること、③そのため、介助がなければ入浴できないこと、④自宅の浴室には段差があり、手すりもついていないこと、⑤息子夫婦との関係が悪いため、入浴介助をしてくれる家族がいないこと、⑥息子夫婦には絶対に頼らないという頑固な性格であること、⑦銭湯に行って将棋を指すことができなくなったこと、がわかりました。そのため、武田さんの承諾を得てから、訪問介護事業所のサービス提供責任者を通じて、担当の介護支援専門員に情報を伝えることにしました。
>
> 　横山訪問介護員は武田さんにその旨を話し、武田さんの意向を聞いたところ、「これからは毎日身体を拭くようにするよ。だから横山さんにも手伝ってほしい。お湯の準備をしてくれれば自分で拭くから、とりあえず風呂に入れなくたって大丈夫だよ。本当は自分の家で好きな時に風呂に入れれば一番いいんだけどね。でも仕方ないよ。まあ、いつまでも入れないのは嫌だから、右脚さえ動くようになったら自分で銭湯に行くんだ。だから今はリハビリをがんばって、早く自分だけで歩けるようになりたい。デイケアには週3回通っているけれど、ちょっとリハビリをする時間が足りないように思う。とにかく銭湯くらいまではなんとか歩けるようになりたい」とのことでした。

1 **個人**　武田さんは、どのような支援を求めているでしょうか。武田さんの発言等を参考にして、すべて書き出しましょう。

武田さんが求めている支援
・ ・ ・ ・

アセスメント3〈課題の分析・明確化〉

✏️ ワーク2

個 人 事例を読んで考えましょう。

> **事例** 武田さんが本当に必要とすることはなにか
>
> 　その後、横山訪問介護員が武田さん宅を訪問し生活援助をしていると、ちょうど担当の介護支援専門員が訪ねてきました。介護支援専門員は武田さんに「ホームヘルパーさんにご自分で身体を拭くための準備をしてもらいたいのですね。そのように訪問介護事業所には頼んでおきますね。それから、リハビリの時間を増やしたいとのことですが、デイケアの日数をもう１日増やしましょうか。理学療法士に訪問してもらい、リハビリをすることも検討してみましょう」と話しました。
>
> 　武田さんと介護支援専門員との会話を聞いていた横山訪問介護員は「本当に必要なことはそうではないんじゃないの」と心のなかで思いました。

1 **個 人** 武田さんには、どのような支援が必要でしょうか。必要な支援を、なるべく多く書き出しましょう。

武田さんに必要な支援
・
・
・
・

2 **グループ** 武田さんに必要な支援を発表し合い、どのような支援を優先したらよいか検討しましょう。

武田さんへの支援の優先度
1
2
3
4

まとめ

利用者が「こうしたい」「こうしてほしい」という意向を表明していても、それが必ずしも真の生活課題であるとはいえません。それは、利用者の希望や要望が、すべて実現可能であるとは限らないからです。希望や要望を受容し、最大限に尊重することはとても大切なことですが、それを客観的に判断し、現実的にはどのような支援が必要かを考えなければなりません。生活課題は、介護計画にもとづいて行う身体介護や生活援助等の支援の根拠になるものです。利用者の希望や要望を実現するためになにが必要であるかを明確化し、なにが優先であるのかを示すことができてこそ、介護福祉の専門職であるといえるのです。

ふりかえり

下記の項目について、チェック欄に該当するマークを記入しましょう。

できた＝◎、少しできた＝○、あまりできなかった＝△、できなかった＝×

項　目	チェック
1．「利用者はなにを求めているのか」（希望・要望）と「利用者にはなにが必要なのか」（必要性）を、分けて示すことができましたか。	
2．利用者の希望や意向、また、どのような思いでいるのかを理解した上で、生活課題を明確化することができましたか。	
3．複数の生活課題に、なにが優先されるのかを考えて、優先される順に示すことができましたか。	

※△もしくは×がついた場合は、ワークブックを読み返し、改めて学習しましょう。

第6節 介護目標の設定

学びのポイント
・目標を具体的に設定する意義を理解する。
・目標の書き方を身につける。

キーワード
長期目標　　短期目標　　具体的　　評価基準

学びの基礎知識

　利用者の望む生活を実現するためには、目標を設定し、目標の達成に向けて支援を行うことになります。利用者の望む生活を実現するという大きな目標を達成するには、小さな目標の達成を積み重ねていくことが大切です。そのため、長い期間を要して達成する大きな目標が「長期目標」となり、長期目標を達成するために積み重ねる、小さくて短い期間で達成できる目標が「短期目標」になります。

　目標の主語は、利用者です。利用者が自らこういう状態になることができる、という文言が目標になります。また目標は、介護計画の実施後に行う評価基準にもなります。そのため、目標を具体的に示すことにより、計画の実施後における評価が行いやすくなります。目標を具体的に示すには、目標の文言に、数量（回数、量、長さなど）が含まれる、あるいは達成の状態が観察することで把握できる内容が含まれることが望ましいです。

第2章　第6節

✏️ワーク1　誰の目標？

個　人　次の事例を読んで考えましょう。

> **事例**　青木さんの介護目標
>
> 　青木誠さん（75歳、男性、要介護2）は、脳梗塞の後遺症により右半身麻痺があります。リハビリを行った結果、利き手ではない左手でスプーンとフォークをもって食事をすることができるようになりました。しかし、青木さんは、お箸を使って食事をしたいと考えています。青木さんを担当している太田介護職員は、そうした青木さんの意向をくんで、青木さんがお箸を使えるようになるためには、どうしたらよいのか考えました。その結果、昼食の時にお箸の自助具を使うことから始めてみることを青木さんに提案し、了解を得ました。

1　**個　人**　青木さんの長期目標は「お箸を使って食事ができる」です。青木さんの短期目標を吹き出しのなかの下線部分に1つ書いてみましょう。
　青木さんの状況を想像しながら考えてみましょう。

私の目標は、
_____です。

2　**グループ**　グループ内で青木さんの短期目標を発表しましょう。
　グループ内で、自分で書いた目標が、青木さんが自分で言っている言葉になっているのかについて確認しましょう。

3　**グループ**　目標は、評価をすることができる目標になっているでしょうか。目標の文言に、数量（回数、量、長さなど数えられる）あるいは達成の状態を観察することで把握できる内容が含まれているのかをグループ内で確認しましょう。

4　**個　人**　ワーク1-2とワーク1-3で確認したことをふまえて、改めて青木さんの短期目標を吹き出しのなかの下線部分に書きましょう。

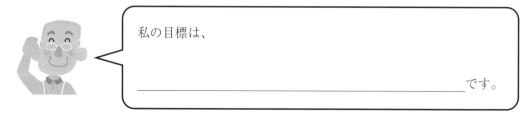

私の目標は、
_____です。

介護目標の設定

✏️ワーク2　長期目標と短期目標

個　人　次の事例を読んで考えましょう。

事例　石田さんの目標設定

　石田久子さん（82歳、女性、要介護4）は、特別養護老人ホームに入所して3年が経過しています。石田さんを担当している川田介護職員は、石田さんについて情報収集を行い、石田さんの生活課題を「むせ込みがなく食事をしたい」と設定しました。

　石田さんは、入所してからずっと食事の時間を楽しみにしていました。しかし、ここ最近、食事やおやつを食べる際にむせてしまい、食事の時間を楽しむことができなくなっています。むせ込みは、お茶やみそ汁を飲む時、ごはんやおかずを食べている時に起こります。そのため、川田介護職員は、お茶にトロミをつけたり、食事もやわらかい形態に変更した方がよいのではないかと考えていました。

　石田さんは軽度の認知症があり、同じ話を繰り返し話すことがあります。しかし、日常生活に困ることはありません。食事は、お箸を使って食べています。お茶などの水分も自分でコップをもって飲みます。石田さんは、早食いをする傾向があり、食事の際も周りの席の利用者に話しかけながら食べます。また、最近は老人性の後弯症（円背）が進み、食事の時の姿勢もあまりよくありません。

1　**個　人**　石田さんの長期目標と短期目標を1つずつ設定してみましょう。

　初めに長期目標とその達成までの期間を設定しましょう。次に、長期目標の状態となるために、明日からなにをどこまで行えるようになるのがよいかを考え、明日から行うことにより達成した状態（短期目標）と達成までの期間を書きましょう。

長期目標
（期間：　　　年　　　月　　　日〜　　　年　　　月　　　日）
短期目標
（期間：　　　年　　　月　　　日〜　　　年　　　月　　　日）

第2章　第6節

2 　**グループ**　設定した目標をグループ内で発表しましょう。他のグループメンバーの発表を聞いて、自分の設定した目標との違いを、次の空欄に書きましょう。

```
自分の設定した目標との違い
・

・

・
```

✎ まとめ

　目標を設定する上では、評価が可能であるかどうかがとても大切です。そして、目標が達成されるかどうかという実現可能性も視野に入れる必要があります。なぜならば、目標の文言が、利用者の望む生活の実現可能性を具体的に示せていると、利用者の生活への意欲を高めることにもなるからです。しかし、あまりにも実現可能性にこだわり過ぎると、利用者の希望や力の十分な発揮を損なう恐れがあります。そのため、実現可能性を最大限追及するという姿勢で支援することが必要になります。

🔍 ふりかえり

　下記の項目について、チェック欄に該当するマークをつけましょう。
できた＝◎、少しできた＝○、あまりできなかった＝△、できなかった＝×

項　目	チェック
1．利用者の言葉で目標を設定することができましたか。	
2．具体的に目標を設定することができましたか。	
3．長期目標の状態に近づくための短期目標を設定することができましたか。	

※△もしくは×がついた場合は、ワークブックを読み返し、改めて学習しましょう。

第7節　介護計画の立案

👆学びのポイント

・目標と具体的な方法の関係について考える。
・目標を達成するための具体的な方法を考える。

🔑キーワード

5W1H　　実施可能な内容　　具体的な方法　　本人の同意

📖学びの基礎知識

　「長期目標」と「短期目標」を設定したら、次は「短期目標」を達成するための具体的な方法を考えます。これは、より具体的で、また実施可能であることが大切です。自分以外の職員や他の専門職が介護計画を見た時に、どのような介護を行うのかが明確にわかるように作ります。当然ですが、支援内容と方法は利用者や家族の意向にそったものでなければなりません。そのため、計画案を作成したら利用者本人や家族の同意を得る必要があります。

　それでは、より具体的な介護計画を立案するためにはなにに留意したらよいでしょうか。それには、5W1Hで介助の方法を考えていくようにします。5W1Hとは、表2-1のような内容です。一般に5W1Hと呼びますが、実際にはWは5つ以上、Hももっとたくさんあります。

　介護計画での「長期目標」と「短期目標」はそれぞれどのくらいの期間でいつまでに達成するのかを考えます。「How long（いつまでに）」、つまり期間と期限を設定するのです。これは「3か月」等ではなく、より具体的に「20XX年4月1日〜20XX年6月30日」のように明確に記述します。

　また「How（どのように）」も、介護者による介助方法のバラつきをなくし、介護者が異なっても利用者は常に統一された介護を受けられるという意味でとても重要です。

　なお、「How many（いくら）」については、従来は介護計画に盛り込まれることがほとんどありませんでした。しかし、たとえば、趣味活動の一環として生け花をするとしたら、

第2章　第7節

表2-1　5W1Hの内容

種類	意味	計画や記録に書く内容
What	なにを	実際に行う介護・支援の内容
Why	なぜ	目的、理由、必要性
Who	だれが	担当職員、職種、部署、役職、対応人数
Whom	だれを、だれに	利用者、家族、職員、個人または集団
When	いつ	時期、時間
Where	どこで	場所、位置
How	どのように	手段、方法
How many	どのくらい	頻度、回数、程度
How much	いくら	費用、コスト
How long	いつまでに	期間、期限

　お花代の金額がどれくらいかかるのか、という視点は必要です。現実的には、費用が頻度や回数を決定する要因となることがあります。介護計画は利用者の自己実現を目指し、生活を支えるための計画ですから、多角的な視点から考えていくことが大事です。

ワーク1　「目標」に対する具体的な方法を考える

1　**個　人**　あなたが今から3か月後に「こうなっていたい」という目標を3つ記入し、その目標を達成するための計画と具体的な方法を、表2-1と次の記載例を参考にして書きましょう。

「私の目標」達成計画（記載例）

最終目標 （計画期間）	最終目標をクリアするための小ステップ （計画期間）	具体的な方法 （どのように行うのか、場所、頻度、費用、その他）	関係者 （協力者等）	頻度
自転車ロードレース大会に出場し、完走する。 （20XX年4月1日～20XX年6月30日）	・競技用自転車を調達する。 （20XX年4月30日までに）	・購入資金を5万円貯めるため、アルバイトの時間数を増やす。 ・自転車店でなるべく安く買えるように値段を交渉する。 ・親にお金を2万円借りる。	・アルバイト先の店長 ・自転車屋さん ・親	週5日、1日5時間
	・現在の体重をまず5kg減らす。 （20XX年4月1日～20XX年4月30日）	・腹筋運動を1日に100回する。 ・野菜中心の食事をとる。 ・間食を絶対にしないよう、姉に注意してもらう。 ・毎日、体重をはかる。	・母親 ・姉	・毎日
	・さらに5kg減らす。 （20XX年5月1日～20XX年5月31日）			
	・脚の筋力をつける。 （20XX年4月1日～20XX年6月30日）	・通学時に、学校まで5kmの距離を歩く（往復とも）。 ・スクワットを500回行う。		・毎日 ・毎日

介護計画の立案

「私の目標」達成計画

最終目標 （計画期間）	最終目標をクリアするための小ステップ （計画期間）	具体的な方法 （どのように行うのか、場所、頻度、費用、その他）	関係者 （協力者等）	頻度

ワーク2　介護計画を立案する

個人　次の事例を読み、介護計画を立案してみましょう。

> **事例**　江藤さんの介護計画の立案
>
> 　特別養護老人ホームに入所している江藤敏夫さん（75歳、男性、介護3）は、脳梗塞後遺症のため左片麻痺の状態です。見守りによる杖歩行がなんとか可能ですが、入所したばかりで施設に慣れていないため、居室から浴室までは車いすでの移動介助を受けています。江藤さんはもう少し慣れてきたら、浴室までは自分の力で移動したいと考えています。

1　**個人**　介護計画を立案してみましょう。ワーク1での「最終目標」を、ここでは「長期目標」として考え、「最終目標をクリアするための小ステップ」を「短期目標」として考えるとよいでしょう。

第2章　第7節

介護計画

長期目標 （期間）	短期目標 （期間）	内容（具体的な方法）	担当者	頻度
居室から浴室まで、自分の力で移動することができる。 （20XX年4月1日～20XX年6月30日）				

2　**全体**　それぞれの介護計画をグループで発表し合い、具体的に記述されているかをお互いに確認しましょう。

✎ まとめ

　介護計画は、誰が見てもわかるように具体的に記述されていることが大切です。グループメンバーの介護計画を見て、あなたはどのように援助するのかがイメージできましたか。また、あなたの介護計画は、グループメンバーがイメージしやすいものだったでしょうか。より具体的に、よりわかりやすく書くように心がけましょう。

🔍 ふりかえり

　下記の項目について、チェック欄に該当するマークをつけましょう。
できた＝◎、少しできた＝○、あまりできなかった＝△、できなかった＝×

項　目	チェック
1．5W1Hを使用して、具体的な方法を示すことができましたか。	
2．誰もが統一した支援が行えるよう、具体的に記述することができましたか。	
3．長期目標・短期目標・方法を、それぞれ関連させて書くことができましたか。	

※△もしくは×がついた場合は、改めてワークブックを読み返し、学習しましょう。

第8節 介護計画の実施

👆 学びのポイント

・介護計画を実施するために必要な視点を理解する。
・根拠にもとづく介護内容・方法を思考することの重要性を理解する。
・チームで介護方法を共有するために介護計画において実施内容を言語化して記述することの重要性を理解する。

🔑 キーワード

介護計画　　介護方法の統一　　利用者の心身状況　　チームワーク

📖 学びの基礎知識

　介護の実施は、立案した計画通りにチーム内で統一した方法で実施するのが基本ですが、その日の心身状況に照らして実施方法を柔軟に判断することも大切です。また、実施中・実施後も、利用者の反応はどうか、実施後の心身状況に変化はないか等について観察する必要もあります。

　しかし、いくら計画通りに実施しようとしても、チームメンバーにはそれぞれ違う個性があり、まったく同じにはできません。そのズレを減らす必要もありますが、お互いの違いから思わぬ発見があることもあります。そのため、チームメンバーがお互いの個性を生かし、補い合いながら、利用者にとってよりよい介護の提供に向けて検討を重ねる姿勢が大切です。

✏️ ワーク1　利用者の気持ちに寄り添った声かけをする

　個　人　次の事例を読んで考えましょう。

> **事例**　車いすでの自力移動に消極的な竹田スミレさんの事例
>
> 　竹田スミレさん（80歳、女性、介護度3）は、介護老人保健施設に入所しています。足腰の筋力が弱かったものの施設内をゆっくり自力歩行していて、「いつか杖をつきながらでも自分

第2章　第8節

で歩いて外出し、孫の顔を見に行きたい」という希望をもって機能訓練を続けていました。

しかし、半年前に施設内で転倒して右大腿部頸部を骨折し、それ以来車いす生活となりました。車いすの移乗は時間がかかっても自力で行えて、自分で移動することもできます。しかし最近「今日はベッドで寝ていたい」「昼ごはんはお部屋で食べたいから運んでくれない？」と言ったりすることが多くなりました。

担当の介護職員が竹田さんやご家族と話し合いを行い、アセスメントしたところ、健康上の問題はなく「自らの心身状況に自信をなくし、今後の生活に希望を見出せなくなっている」という生活課題が明確になりました。

そこで以下のような介護目標を立てました。

介護計画

長期目標 （期間：6か月）	短期目標 （期間：3か月）	実施内容
昼食時に車いすを自走して食堂まで移動できる。	他の利用者との交流やクラブ活動に参加して生活意欲を高められる。	①ベッド上での起き上がりから車いすへの移乗を無理なく行えるよう適切な声かけを行う。 ②現在ある機能を活用して食堂まで移動する。

1　**グループ**　グループ内で竹田さん役、介護職員役の二人一組になり、その他の人は観察・記録者になります。介護職員役は、ベッド上で臥床している竹田さんに介護計画にあげた実施内容①を行います。

　介護職員役はあらかじめ声かけの内容を（1）A欄にメモし、竹田さん役は声かけされた通りに動作し、その時の気づきや感想を介護職員役に伝えます。介護職員役はそれを（2）B欄に記入します。観察者役がいる時は、観察者役からも意見をもらい、B欄に書き加えましょう。

　自分が竹田さん役を行った時は、介護職員から受けた声かけの内容とそれに対する感想や指摘した事項を（2）A・B欄にそれぞれ記入しましょう。

（1）自分が介護職員役を行った時

A：自分が行う声かけの内容	B：竹田さん役からの指摘や感想

（2）自分が竹田さん役を行った時

A：自分が受けた声かけの内容	B：介護職員役に伝えた指摘や感想

（3）介護計画に「適切な声かけを行う」と書かれていても、メンバーそれぞれが実施した声かけには個性や違いがあったはずです。また適切な声かけをしたつもりでも、利用者役の人にうまく伝わらなかったり、不快な思いをさせたりという「ズレ」もあったのではないでしょうか。そこで、ズレが生じた点（介護計画を実施する上での課題）と、ズレを最小限にするための課題をメンバー全員で話し合い、次の空欄に書き出してみましょう。

①介護職員と利用者でズレが生じた点（介護計画上の課題）
・

・

・

②課題への対策
・

・

・

第2章 第8節

2 **グループ** 介護職員役、竹田さん役の二人一組になり、竹田さんは居室から食堂へ向かう廊下で車いすを自走し、介護職員はそばで見守っている場面を体験します。介護職員役は、直接的な介助はしませんが、移動の様子を観察したり必要に応じて声をかけたりする必要があります。

（1）竹田さん役は、今日「順調に自走できないなんらかの事情」を3点考え、それを演じましょう。口では決して説明しません。介護職員役はその様子を観察し、必要に応じて声かけや一部介助を行います。見守り・観察をした結果（竹田さんの様子）をA欄に、この様子をどう解釈し、どのような声かけや介助を行ったか（実施内容）やその結果をB欄に書き込みましょう。

A：介護職員の見守り・観察	B：介護職員の実施内容とその結果

（2）介護職員は、竹田さんの事情を把握し、それに寄り添った介護が実施できていたでしょうか。実施終了後、竹田さん役は自分がどのような事情を抱えていたかを介護職員役に伝えてください。それを聞いて介護職員役は介護（見守りや観察を含む）を実施する上での自分自身の課題や改善・向上しなければならない点を考え、B欄に記入しましょう。

A：竹田さんの事情	B：介護職員役の課題等

3 **グループ** 役割を替え(3人以上のグループでは観察者役も設定する)、同様にワーク1-1、1-2を行いましょう。その後、利用者が抱える事情や心情にそって実施する上で必要なことを話し合い、気づいたことをまとめましょう。

```
気づいたこと



```

✎まとめ

　介護の実施は、利用者の個別性に応じて立案された介護計画を、介護職の行動や言動、利用者の動作という形で具体化することです。記載された介護目標と方法をチーム内で共有し、計画にそって実施することがなにより重要ですが、生活や心身機能の日々の変化を的確にとらえ、柔軟な対応をすることも求められます。

　実施する介護職には、信頼関係にもとづく利用者の観察と洞察、介護の基本理念と幅広い知識にもとづいて適切な技術を提供できる資質が求められます。それと同時に、その方法をチーム全体で共有するための計画を立案するためにも、実施内容や方法、その根拠を適切に「言語化」できなければなりません。また、この「言語化」が適切になされていると、次節の記録やモニタリング、その後の評価を確実かつ容易に行うことができるのです。

🔍ふりかえり

　下記の項目について、チェック欄に該当するマークをつけましょう。
できた＝◎、少しできた＝○、あまりできなかった＝△、できなかった＝×

項　目	チェック
1．介護計画を実施するための基本的な考え方を説明することができますか。	
2．自分が実施した介護方法と利用者の反応を適切に言語化・記録することができますか。	
3．介護計画の実施にあたってチーム内で生じるズレや利用者の思いとのズレを具体的に説明できますか。	

※△もしくは×がついた場合は、ワークブックを読み返し、改めて学習しましょう。

第2章　第9節

第9節　モニタリング・介護記録の作成

👆学びのポイント

・介護過程の展開におけるモニタリングの必要性を理解する。
・適切なモニタリングによって評価及びよりよい介護計画への再アセスメントができることを理解する。

🔑キーワード

モニタリング　　評価　　介護記録　　具体性

📖学びの基礎知識

　介護を実施したら、必ず記録をします。記録は、介護職が実施した内容とその結果を、責任をもって文書に残すものであり、利用者や家族、関係者・機関から求められたら開示する義務があります。

　記録は、介護計画にそって適切に実施されているかを確認（モニタリング）するためにも使われます。モニタリングとは、利用者への支援が適切に行えているか、介護計画にそった支援となっているか、介護計画と実際の状態がかけ離れていないか等について確認（チェック）することです。これまでの実施経過や現状、利用者の心身状況や生活環境など「これができていないと介護目標が達成できない」「ここに配慮しないと利用者に過度の負担になる」などのチェック項目をあらかじめ立てておき、一定期間ごとに客観的な目で介護計画の実行状況を評価します。

　しかし、モニタリングは、計画の実施状況を事務的にチェックするためだけのものではありません。当初の計画と実際の実施状況を照らし合わせることで、利用者の心身状況やチーム体制の実態にそって改善点を見つけ出すことができ、今後のよりよいケアへのヒントが見つかります。

　日々の記録を積み重ね、定期的にモニタリングを繰り返すことで、さらに適切な計画、心身状況の変化に対応した計画への修正に向けた評価や再アセスメントができます。また細やかな記録は、利用者の心身状況だけでなく、介護職の技術やかかわり方を振り返る絶

モニタリング・介護記録の作成

好の材料であり、個々の介護職の資質やチームケアの質向上、介護事故やトラブルの防止にも役立ちます。さらに記録は、利用者の家族、他施設や医療機関、あるいは行政に対する説明責任を果たす上で最も重要な資料となるため、記録に必要な項目や内容をチーム内で統一し、記載方法や内容にバラつきが出ないようにする必要があります。

ワークの進め方

この章のワークは、第8節の竹田スミレさんの事例を使用し、実際に車いすを使用して実施します。事前に95～96ページの事例を読み返してからワークに入りましょう。

ワーク1　実施内容の記録

1　**グループ**　介護職員役と竹田さん役の二人一組になります。他のグループメンバーは、介護職員役と竹田さん役の様子が見えない場所にいます。

竹田さん役は車いすに移乗し、ゆっくりとしたペースで居室から食堂へ向かっていきます。介護職員役は適宜声かけをしたり、ハンドルに手を添えて方向を調整するなどの軽い介助をしながら竹田さん役と一緒に歩きます。

竹田さん役は、何気ない会話のつもりで愚痴、そして今楽しみにしていることを介護職員役に話しましょう。

介護職員役は実施した内容、竹田さんの会話や行動などを次の記録のフォーマットに書きましょう。

月　　日　　時　　分～　　時　　分
サイン：

第2章　第9節

2　**グループ**　1組の実施と記録が終わったら、その様子を見ていなかったメンバーが記録を読み、以下の点にそって意見を記入します。

利用者の心身状況や生活の様子が読み取れたか	介護職の実施した内容とその根拠が読み取れたか
介護計画を意識した／介護目標を意識した記録になっていたか	利用者の心身状況やチーム体制の改善・向上に役立つ情報が記載されていたか

3　**グループ**　グループメンバー全員で記録の回し読みをして意見交換し、自分の記録をよりよくするための課題を考え、次の空欄に書きましょう。

自分の記録をよりよくするための課題
・ ・ ・

✏ ワーク2　モニタリング用チェックシートの作成

1　**グループ**　この演習では、モニタリングでチェックすべき項目をあげてみましょう。モニタリングのポイントは「介護計画にそった支援となっているか」「介護計画と実際の状態がかけ離れていないか」ですが、竹田さんの介護計画と前回・今回の演習で実施した声かけ、会話時の観察などの場面を思い浮かべながら、竹田さんの事例にそってチェックすべき項目を具体的に立てましょう。

竹田さんの介護目標は以下の通りです。

介護目標（長期） 　他の利用者との交流やクラブ活動に参加して生活意欲を高められる。 **介護目標（短期）** 　昼食時は車いすを自走して食堂まで移動できる。 **短期目標に対する介護の実施内容** 　①ベッド上での起き上がりから車いすへの移乗を無理なく行えるよう適切な声かけを行う。 　②現在ある機能を活用して食堂まで移動できる。

グループで作成するチェックシートの例

	チェック項目
介護計画にそった支援となっているか	1)
	2)
	3)
	4)
	5)
介護計画と実際の状態がかけ離れていないか	1)
	2)
	3)
	4)
	5)

2 **全体** 各グループが立てたチェック項目を、その理由（なぜこの項目をチェックする必要があるか）とともに他のグループに発表しましょう。他のグループ発表を聞いて新たに気づいたことを次の空欄にメモしておきましょう。

新たに気づいたこと
・
・
・

第2章　第9節

✐ まとめ

　モニタリングは「計画が適切に実施されているか」「利用者の満足や生活の質向上に役立っているか」等をチェックするためのものなので、一定期間の実施・観察・記録を積み重ねないと、利用者の変化や計画の効果を評価することはできません。利用者の発言や反応や、そのわずかな変化などは、その日単位で見ればたいしたことのないことでも、記録を重ねて一定期間たった時にまとめて振り返ることで、それまで把握できていなかった好物、趣味、興味関心、利用者の心身状況の変化、利用者自身も気づかなかった不便な点、不安や危険の種などが見えてくることがあります。日々の実施記録はそれほど大切なものであり、自らの行動と利用者の様子、周囲の環境などあらゆることに眼を向けた観察力がなにより重要なのです。

🔍 ふりかえり

　下記の項目について、チェック欄に該当するマークをつけましょう。
できた＝◎、少しできた＝○、あまりできなかった＝△、できなかった＝×

項　目	チェック
1．介護計画の実施にあたって記録が必要な理由を説明できますか。	
2．介護過程の展開においてモニタリングが必要な理由を説明できますか。	
3．介護計画の実施にあたってモニタリングすべき項目を具体的にあげることができますか。	

※△もしくは×がついた場合は、ワークブックを読み返し、改めて学習しましょう。

第10節 介護計画の評価

学びのポイント

- モニタリングの結果を踏まえて、介護計画の実施状況を評価する。
- 介護計画の実施状況の評価にもとづいて、再アセスメントを行う。
- 介護過程が終結に至る際に、介護過程全体を評価する。

キーワード

介護計画の評価　　再アセスメント　　介護過程全体の評価（事後評価）　　終結

学びの基礎知識

　介護過程における評価には、「介護計画の実施状況の評価」と「介護過程が終結に至る際に行う評価」があります。

　介護計画の実施状況の評価とは、介護計画で設定した目標の、達成度合いをはかることをいいます。介護計画の目標に対してどれだけ達成できたかということは、介護過程の成否に直接的にかかわることですので、とても重要です。

　また、支援が計画の通り行われているか等、これまで実施してきた計画の内容や方法についても評価を行います。そして、目標の達成度がどのようであっても、支援が必要な限りは介護過程の取り組みは継続します。これまで実施してきた介護計画に新たな目標を設定する等、介護計画を見直し修正する場合は、再度アセスメントを行うことになります。

　介護過程が終結に至る際に行う評価とは、介護計画の目標が達成された、要介護状態が軽減し支援の必要がなくなった、病気等での長期入院となった、あるいは利用者が亡くなった等、支援を必要としなくなった場合に行う評価のことです。このような場合、支援は終結することになります。終結にあたり、最後にこれまでの介護過程の取り組みを振り返ります。このような評価を特に、事後評価と呼ぶことがあります。

第2章　第10節

ワーク1　介護計画・実践の評価を行う

個　人　次の事例を読んで考えましょう。

> **事例**　介護老人保健施設へ入所している竹田さんの事例
>
> 　竹田スミレさん（80歳、女性、介護度3）は、介護老人保健施設に入所しています。足腰の筋力が弱かったものの施設内をゆっくり自力歩行し、外出して孫の顔を見に行きたいなどの希望をもって機能訓練を続けていました。しかし、半年前に施設内で転倒して右大腿部頸部を骨折し、それ以来車いす生活となりました。車いすの移乗は時間がかかっても自力で行え、自分で移動することもできます。しかし、「今日はベッドで寝ていたい」「昼ごはんはお部屋で食べたいから運んでくれない？」と言うことが多くなりました。
>
> 　竹田さんを担当する介護職員がアセスメントをしたところ、健康上の問題はなく「自らの心身状況に自信をなくし、今後の生活に希望を見出せなくなっている」という生活課題が明確になりました。そのため、竹田さんには、次のような介護計画が立案され、介護職員により実施されてきました。
>
> **介護計画**
>
> | 長期目標
（期間：6か月） | 短期目標
（期間：3か月） | 内容（具体的な方法） |
> |---|---|---|
> | 昼食時に車いすを自走して食堂まで移動できる。 | 他の利用者との交流やクラブ活動に参加して生活意欲を高められる。 | ①ベッド上での起き上がりから車いすへの移乗を無理なく行えるよう適切な声かけを行う。
②現在ある機能を活用して食堂まで移動する。 |
>
> 　竹田さんが介護計画にもとづく支援を受けて、すでに3か月が経ちました。竹田さんは昼食時には、居室から食堂までなんとか車いすを自走してたどり着くことができています。徐々に自信を取り戻し、最近は他の利用者の部屋を訪ねて談笑していたり、生け花の活動に自分から進んで参加するようになりました。ただし、廊下の角を曲がり切れずに立ち往生していることが何度かありました。
>
> 　竹田さんは介護老人保健施設に入所する前は、一戸建ての家に一人で暮らしていました。竹田さんの入所後に長男夫婦がその家に引っ越してきて、それ以来、長男夫婦はずっと竹田さんの家に住んでいます。そこで、竹田さんは自宅に戻って長男夫婦と一緒に暮らすことになりました。本日の午後、長男が迎えに来て退所となりました。

1　**個　人**　竹田さんに対する介護実践の過程を振り返る（評価する）ため、次の項目について記入しましょう。

（1）生活課題の解決

　　竹田さんの生活課題は、どれくらい解決しましたか。

介護計画の評価

```
┌─────────────────────────────────────────────────┐
│                                                 │
│                                                 │
│                                                 │
│                                                 │
└─────────────────────────────────────────────────┘
```

（2）要介護状態の改善
　　支援前の状態に比べて、竹田さんの心身機能など要介護状態がどのように改善しましたか。

```
┌─────────────────────────────────────────────────┐
│                                                 │
│                                                 │
│                                                 │
│                                                 │
└─────────────────────────────────────────────────┘
```

（3）介護計画に必要な評価項目
　　（1）と（2）以外に、竹田さんの介護計画を評価する際に必要な項目を箇条書きで書きましょう。

介護計画に必要な評価項目
・
・
・
・

（4）今後の課題・改善すべき点
　　竹田さんの支援を通して気づいたこと、介護職としての今後の課題、改善すべき点はなんですか。これまでの演習を振り返り、自分が介護職であったと仮定して記述しましょう。

①今後の課題
・
・
・
②改善すべき点
・
・
・

2 グループ 他者の評価内容の記述と比較し、気づいたことを書きましょう。

気づいたこと

まとめ

　介護過程が終結に至る際には、これまでの支援を振り返ります。それは、その利用者に再び支援が必要となった場合に備えるためであり、また、他の利用者の支援の参考にするためであり、さらに、介護職自身のスキルの向上をはかるためでもあります。

　なお、評価とは必ずしも点数をつけることではありませんが、効果の目安としてなんらかの基準を設けて点数化したり、5段階評価などで評価することもできます。ただし、そのような客観的な評価方法を採用する場合でも、具体的な状況も必ず記載し、記録に残しておくことが大切です。

ふりかえり

　下記の項目について、チェック欄に該当するマークをつけましょう。
できた＝◎、少しできた＝○、あまりできなかった＝△、できなかった＝×

項　目	チェック
1．評価には、実施状況を確認（モニタリング）して介護計画を評価することと、介護過程全体の評価（事後評価）があることを説明できますか。	
2．介護計画の評価と介護過程の事後評価の違いを説明できますか。	
3．介護過程全体の事後評価とは、どのようなことをするのかを、項目をあげて説明できますか。	

※△もしくは×がついた場合は、ワークブックを読み返し、改めて学習しましょう。

展開編

第3章 事例を通しての介護過程の展開

　ここまで学びを進めてきた皆さんは、介護過程のワークを通して、介護計画立案に向けての力をつけてきたことでしょう。

　第3章では、具体的な事例を通して、利用者が望む生活がどのような状態であるのかを把握し、その実現のためにはどのような生活課題の解決に向けた支援が必要であるかを考えることから、利用者の情報について分析・解釈する力及び生活課題の明確化と計画の内容と方法の作成についての力がどれくらい身についたかを総合的に確認していきます。

　具体的な事例については、在宅の利用者と特別養護老人ホームに入所している利用者という2つの事例が用意されています。利用者の人物像や利用者の家族状況や住んでいる場所といった利用者を取り囲む環境について、在宅と福祉施設での生活をイメージしながら介護計画の立案をしましょう。

第3章 第1節

第1節　独居利用者の在宅生活の継続に向けた事例

👆学びのポイント

・利用者を取り巻く状況や環境の事実から、介護計画を立案できる。

🔑キーワード

情報の分析　　計画立案　　訪問介護サービス　　訪問介護員（ホームヘルパー）
認知症ケア

📖学びの基礎知識

　独居高齢者は、三世帯家族や夫婦世帯に比べて、日常生活での見守りや支援、相談などについて家族からの支援が得られにくいと考えられます。そのため、独居高齢者への生活支援においては、利用者が住み慣れた自宅で、安心して生活を継続できるような介護専門職による介護を含めた介護計画の立案や支援が必要になります。

　利用者を取り巻く関係機関や専門職として、必要な介護サービスをケアマネジメントし、サービス事業所との調整を行い、ケアプランを作成する介護支援専門員（ケアマネジャー）や、訪問介護や通所介護といったサービスを提供するサービス事業所があります。介護職による訪問介護サービスは、訪問介護事業所により提供されます。訪問介護事業所には、介護計画（訪問介護計画）の立案などを担当するサービス提供責任者や訪問介護員（ホームヘルパー）が在籍し、利用者へ訪問介護サービスを提供しています。

　介護計画を作成するにあたっては、利用者の情報を収集し、情報の統合・分析をした上で、立案することになります。介護計画は、誰が見てもわかるように、そして具体的に記述する必要があります。

✏️ワーク１　必要な情報にアンダーラインを引いてみる

　個　人　次の事例を読んで考えましょう。

事例　奥田さんの在宅生活の継続に向けた事例

げんき訪問介護事業所に、あすか居宅介護支援事業所の飛鳥介護支援専門員（以下、ケアマネジャー）から、奥田美代さん（77歳、女性、要介護1）への訪問介護サービスの提供依頼がありました。

奥田さんは、アパートで一人暮らしをしています。近所に住む長女の浅見星香さんが週に1度、奥田さんと一緒に買い物に行き、調理や掃除、洗濯などの家事や入浴介助を行ってきました。また、浅見さんが来られない残りの6日は、安否確認もかねて、市内の配食サービスを利用しながら一人で生活してきました。しかし、浅見さんも仕事をしており介護疲れが見られ、腰痛もひどくなったことから、自宅での入浴介助ができなくなりました。

飛鳥ケアマネジャーのケアプランでは、今後は訪問介護員（以下ホームヘルパー）に奥田さんの自宅で入浴介助を行ってほしいとのことです。

なお、入浴介助時に使用するシャワーチェア、すのこ、バスグリップ、バスボードは、訪問介護サービスを利用する際に、新たに福祉用具として購入し、昨日、自宅に設置されました。

げんき訪問介護事業所の吉田サービス提供責任者は、さっそく飛鳥ケアマネジャーとともに奥田さん宅にお伺いし、奥田さんと浅見さんに初回の聞き取りを行いました。

飛鳥ケアマネジャーからの事前情報（奥田美代さんのプロフィール）

名前：奥田美代さん　年齢：77歳　性別：女性　介護度：要介護1
障害高齢者の日常生活自立度：A1　認知症高齢者の日常生活自立度：Ⅱa

家族状況：奥田美代さんは、夫、長男、長女の浅見さんの家族4人で暮らしていました。浅見さんが結婚し家を出た後、夫は10年前に病気で亡くなりました。長男も1年前に病気で急死し、現在はアパートで一人暮らしをしています。

　長男を亡くした頃から奥田さんに物忘れがみられ、同じ話を繰り返したり、通帳や印鑑、お金をしまい忘れて、近所に住む浅見さんに電話し不安を訴えることが頻繁にみられるようになりました。
　浅見さんがつきそい病院を受診したところ、アルツハイマー型認知症との診断でした。
　浅見さんが仕事をしながら週に1度、奥田さんの世話をしてきましたが、介護疲れと腰痛がひどくなり訪問介護サービスを利用することとなりました。

奥田さんの身体的様子

奥田さん宅　間取り図

第3章　第1節

　以下は、初回聞き取り時の奥田さんと浅見さん、飛鳥ケアマネジャー、吉田サービス提供責任者との会話の様子です。

吉田：サービス提供責任者の吉田です。よろしくお願いします。
奥田：娘も忙しいし、腰も痛いみたいだからお風呂にも入れないし。せめて週2回くらいはお風呂に入りたいね。このまま一人で暮らしていかれるのか不安だよ。
浅見：よろしくお願いします。母はお風呂好きですが、私が介助できなくなってしまったので、ここ1週間は入浴できていません。
吉田：そうですか……。入浴できるよう、ホームヘルパーがお手伝いさせていただきますね。
飛鳥：奥田さん、ヘルパーさんがお手伝いしてくれるので週2回は入浴できますよ。浅見さん、吉田さんに奥田さんの介助をするにあたって注意事項があったら教えてください。
浅見：母はなにかにつかまれば一人でいすから立ち上がり、T字杖を使って歩行も可能ですが、足の筋力が弱っているためか、ときどきふらつきがあります。先週も自宅の小さな段差で転んでしまい、今もまだ痛みがあり左足を少し引きずっています。
奥田：転んで骨折すると大変だよ。このまま家で暮らしたいからね。
吉田：転倒には十分気をつけていきます。これまでお風呂に入浴する際は、どのように入浴されていましたか。
浅見：浴室まではT字杖を使って見守りで移動し、浴室の入口からは、私が体を支えてなかに移動していました。
奥田：お風呂の入口に段差があるから危なくて……。お風呂のいすも小さくて座れないから立って娘に洗ってもらっていたよ。
浅見：アパートなので改築もできないし。母に立ってもらって、身体や髪の毛は私が洗っていました。
飛鳥：昨日お風呂で使用する、シャワーチェア、すのこ、バスグリップ、バスボードが届いたので、今度からは安心して入浴できますね。
奥田：本当によかったよ。手すりもついたし、お風呂のいすも肘かけがついているから、1人でも座れそうだし、助かったよ。
浅見：今まではお風呂に入る時も、身体を支えてなかに入れていたので、私も腰を痛めてしまって……。出る時は母も疲れてしまうようで、しっかり立てないし。大変でした。
吉田：奥田さんは血圧が高めですが湯温と入浴時間はどれくらいですか。
浅見：はい。主治医から血圧が高いので、湯温は40℃程度で、入浴時間は5分くらいと言われて、そのようにしていました。
奥田：本当はもっとゆっくり入って、温まりたいよ。身体が温まらないから、湯冷めしそうだよ。

吉田：短時間でも身体が温まるように工夫してみましょうか。入浴剤を入れると身体が温まり湯冷めもしにくいようですが、奥田さんは、入浴剤はお好きですか。

奥田：温泉のもとだね。昔から温泉が好きでね。最近は行かれないから温泉のもとを入れて温泉気分を楽しんでいたんだよ。

浅見：入浴剤を入れるなら、買ってきておきますよ！それから母は洋服が汚れても気にせず着替えないんです。布のパンツをはいていて、トイレに一人で行きますが、ときどき間に合わず漏らしてしまうことがあるので、においが気になります。

奥田：お風呂に入った時は、娘が用意した洋服を一人で着替えているよ。いすに座れば一人でできるからね。

吉田：ヘルパーがお手伝いしますので、入浴の際は、一緒に着替えを用意して着替えましょう。

奥田：これからお風呂が楽しみだわ。安心して暮らせそうだよ。

浅見：自宅で入浴してこのまま自宅で過ごせるとよいです。

吉田：わかりました。本日はありがとうございました。

1 **個 人** 事例と会話を読んで、重要だと思うところすべてに、アンダーラインを引きましょう。また、会話からわかった情報について次の空欄に書きましょう。

```
会話からわかった情報
・

・

・

```

ワーク2　情報の収集をする

1 **個 人** ワーク1のアンダーラインを引いた部分や、「1．健康状態」を参考にして、「2．立ち上がり」以降の情報を、事例と会話から次の空欄に書き入れてみましょう。

1．健康状態	例：アルツハイマー型認知症、高血圧、骨粗鬆症（こつそそうしょう）、老人性の後弯症（こうわん）（円背）、両下肢筋力が低下している。
2．立ち上がり	
3．座位・立位	

第3章　第1節

4. 移動・移乗	
5. 入浴	
6. 衣服の着脱	
7. 排泄	
8. 買い物	
9. 掃除	
10. 洗濯	
11. 調理	
12. 認知機能	
13. コミュニケーション	
14. 社会とのかかわり	
15. 居住環境	

ワーク3　収集した情報を統合・分析し、訪問介護計画の立案を行う

1　グループ　奥田さん（本人）と浅見さん（家族）の希望を次の空欄に記入しましょう。

本人の希望

家族の希望

2 **グループ** ワーク2-1で集めた情報と本人と家族の希望から、「生活課題」を明確にした上で、生活課題に「優先順位」をつけましょう。

「本人、家族から得た情報等とその分析・解釈」には、生活課題としてあげたことの根拠となる情報とその解釈について書きましょう。左欄の番号には、ワーク2-1の情報の番号を記入しましょう。

番号	本人、家族から得た情報等と その分析・解釈	生活課題	優先順位

3 **グループ** 奥田さんの長期目標と短期目標を書きましょう。

長期目標
（期間：　　　年　　月　　日～　　年　　月　　日）
短期目標
（期間：　　　年　　月　　日～　　年　　月　　日）

第3章　第1節

4 　**グループ**　ワーク1-1から3-3の内容をふまえて、次の空欄に介護計画の内容を書きましょう。担当者、頻度についても記入しましょう。

内容（具体的な方法）	担当者	頻度

✎まとめ

　事例を具体的にイメージして、利用者や家族の生活課題、その方の事実から、根拠にもとづいた、利用者の生活がよりよくなるための介護計画立案ができたでしょうか。
　介護職を含めた多職種が介護計画を見て、その内容や方法が理解でき、支援が実施できるように、5W1Hを意識しながら具体的な内容の介護計画を立案していきましょう。

🔍ふりかえり

　下記の項目について、チェック欄に該当するマークをつけましょう。
できた＝◎、少しできた＝○、あまりできなかった＝△、できなかった＝×

項　目	チェック
1．利用者と家族の生活課題の解決に向けた介護計画を作成することができましたか。	
2．見てわかりやすい、具体的な介護計画が立案できましたか。	
3．奥田さんの在宅生活が継続できる介護計画の立案ができましたか。	

※△もしくは×がついた場合は、ワークブックを読み返し、改めて学習しましょう。

第2節　介護施設から自宅へ外泊する利用者の事例

学びのポイント
・情報の整理と課題分析を行い、施設における個別援助計画が作成できるようになる。

キーワード
特別養護老人ホーム　　自立支援　　介護目標　　介護計画

学びの基礎知識
　特別養護老人ホームは、その基本方針として、利用者が「可能な限り、居宅における生活への復帰を念頭に置いて」「その有する能力に応じ自立した日常生活を営むことができるようにすることを目指す」ことが定められています。特別養護老人ホームに入所している利用者の介護過程を展開する際には、こうした基本方針をふまえることにもなります。また、特別養護老人ホーム内での生活を支援するだけではなく、地域や利用者の家族とのかかわりなど、広い視野をもって利用者への支援を考える必要があります。

ワーク1　事例から必要な情報を整理する

個　人　次の事例を読んで、①高山さんの健康状態で心配なこと、②行っていないができる能力があること、③高山さんの希望に該当するところに、①＿＿＿、②＿＿＿というようにアンダーラインを引きましょう（①は赤、②は青、③は緑、等アンダーラインの色を変えるとわかりやすくなります）。

事例　特別養護老人ホームに入居している高山花子さんの事例

　高山花子さん（88歳、女性、要介護4）は、8人姉妹の次女として生まれ、23歳で結婚後は、夫とともに農業を営んでいました。世話好きな性格から近所づきあいは活発でした。3人の息子に恵まれ、それぞれが独立した後は夫婦2人で暮らしていました。
　高山さんは8年前（79歳時）、夜中に自宅のトイレで倒れ、病院へ緊急搬送されました。病院では、脳梗塞と診断され、後遺症により左上下肢に麻痺が残ったため、1年間、リハビリを

第3章　第2節

行ってから退院しました。退院する時には、自宅の玄関にスロープをつけて段差を解消しました。また、自宅の廊下やトイレ、風呂場に手すりを設置し、床を張り替えて車いすで移動ができるように住宅の改修がされました。

　退院した時、高山さんは、手すりにつかまり、かろうじて歩行ができていました。家事はすべて夫が行っていました。当時は要介護3の認定を受け、デイサービスを週3回利用していました。

　その後、1年を過ぎた頃から徐々に下肢筋力が低下し、ふらつきが強くなり転倒する頻度が増えました。そのため、夫一人では身の回りの世話が困難となり、7年前（80歳時）より特養へ入所し現在に至ります。現在の主な疾患は、脳梗塞後遺症、狭心症、脳血管性認知症です。

　特養入所後は、失禁があるため紙パンツを使用し、日中はトイレ誘導が行われています。手すりにつかまり右足で立つことができるため、排泄を行う際は、トイレで行い、介護職員がズボンの上げ下ろしをしています。車いすへの移乗は、時間がかかるため普段は介助を受けています。

　右手で手すりにつかまれば立つことができ、2～3mくらいは歩行可能であるが日常生活では主に車いすを使用し自走しています。脱水気味になるとふらつきがみられることがあります。

　食事中にときどきむせることがあります。食事は全粥であり、副菜は刻んであります。5割程度食べて、スプーンを置いてしまうため声かけをして、食べることを促しています。最近体重の減少がみられています。お茶は飲み忘れるため、常に促さないと水分摂取量が不足し脱水状態になりやすいです。車いすごと入れる特殊浴槽で週2回入浴しています。身体を洗うことや衣服の着脱は全介助で行っていますが、適宜声をかければ右手を使うことができます。

　普段の生活は、テレビ鑑賞やレクリエーションへ積極的に参加し、他の入居者と話をしながら笑顔で生活をしています。しかし、誰とでも話はしますが、最近のできごとは覚えていません。農地の開墾に関する昔の苦労話など同じ話を1日に何度も繰り返し話しています。直前のことを忘れたり、時間の認識がないため夜中に同室者や自分の荷物を片づけることが週に1、2度あります。また、月に1回程度、何度か夜中に目が覚め整理棚の衣類を整理していることがあります。

　現在、盆と正月の年2回外泊を行っていますが、「本当は毎週外泊したいのよ」と高山さんは話します。夫は週に1、2回面会に訪れます。近隣に住んでいる息子は月に2、3回面会に来ており、家族関係は良好です。

　「他の人に負けることが悔しいので、なんでも一生懸命やっている。一人で悩んでもしょうがない。家に帰りたいが夫に迷惑をかけるので、施設での生活を楽しんでいる」と高山さんは語っていました。

✏️ ワーク2　情報を整理する

1 **個 人**　ワーク1でアンダーラインを引いた部分を参考にして次の項目の情報を整理しましょう。

（1）高山さんの健康状態で心配なこと ・ ・ ・
（2）高山さんが「今は行ってない」が、やれば「できる」こと ・ ・ ・
（3）高山さんの希望していること ・ ・ ・

✏️ ワーク3　情報を整理した根拠を考える

1 **個 人**　ワーク2で書き出した内容について、なぜそう思ったのか、その理由を書きましょう。

（1）高山さんの健康状態で心配なことの理由
（2）高山さんが「今は行ってない」が、やれば「できる」ことの理由
（3）高山さんの希望していることの理由

第3章　第2節

✏ ワーク4　生活課題を明確にする

1　グループ　高山さんが望むよりよい暮らしを続けていくために実現または改善できそうな点をワーク2であげた（1）から（3）の内容にそって書き出しましょう。

（1）高山さんの健康状態で心配なこと
（2）高山さんが「今は行ってない」が、やれば「できる」こと
（3）高山さんの希望していること

　ここまで行ってきたワーク1からワーク4までの作業を通して情報が整理され、課題が明らかになりました。

　解決すべき課題は、複数存在しています。ワーク4で書き出した内容（生活課題）に優先順位をつけ、順位の高いものから解決していきます。

✏ ワーク5　目標を設定する

1　グループ　グループで話し合い、長期目標と短期目標を立てましょう。

（1）長期目標

　高山さんが望む暮らしや充実した生活を送るための長期目標を設定しましょう。

＊長期目標を考えてみましょう。期間の目安は、6か月です。

長期目標
（期間：　　　年　　月　　日～　　　年　　月　　日）

（2）短期目標

　長期目標を達成する上で、段階的に達成しなければならない短期目標を設定しましょう。

＊高山さんの短期目標を2つ記入してみましょう。期間の目安は、1～3か月です。

短期目標1							
（期間：	年	月	日〜	年	月	日）	
短期目標2							
（期間：	年	月	日〜	年	月	日）	

次は介護計画です。長期目標と短期目標を達成するための介護計画を立案しましょう。

ワーク6　介護計画を立案する

グループ　具体的な介護計画を立ててみましょう。介護計画は、短期目標を達成するための支援を実践に移せるように具体的に立案します。計画に盛り込む内容は、５Ｗ１Ｈ（Who：だれが、What：なにを、When：いつ、Where：どこで、Why：なぜ、How：どのように、支援するのか）にそって考え、作成しましょう。

高山花子さんの介護計画

長期目標							
（期間：	年	月	日〜	年	月	日）	
短期目標1							
（期間：	年	月	日〜	年	月	日）	
内容（具体的な方法）							

第3章　第2節

短期目標2
（期間：　　　年　　月　　日〜　　　年　　月　　日）
内容（具体的な方法）

🖉 まとめ

　施設での介護計画を作成する時は、高山さんの現在の状態や状況をアセスメントし、本人の思いや希望を尊重し高山さんらしい生活を継続できるように作成しなければなりません。

　そのためには、高山さんの生きてきた歴史や、性格や価値観、嗜好、今の思いを知るだけでなく、高山さんのもっている能力を引き出していく必要があります。

　施設では、内容や時間によっては対応できることに限界があります。したがって、介護職だけに限定せず、本人のもっている力や家族、場合によってはボランティアの導入、関係機関や他職種との連携なども視野に入れるなど広い視点で介護計画を作成しましょう。

🔍 ふりかえり

　下記項目について、チェック欄に該当するマークをつけましょう。
できた＝◎、少しできた＝○、あまりできなかった＝△、できなかった＝×

項　目	チェック
1．高山さんの生活課題をあげることができましたか。	
2．アンダーラインを引いた箇所について、なぜそう思ったか、その理由を書くことができましたか。	
3．高山さんの希望を重視した目標が設定できましたか。	
4．高山さんらしく生活できる介護計画が、具体的に作成できましたか。	

※△もしくは×がついた時は、ワークブックを読み返し、改めて学習しましょう。

応用編

第4章 介護の理念とスキルにもとづく介護過程

　介護職員が専門職としての態度や姿勢、知識、技術を備え、なおかつそれらが介護過程を展開するなかで生かされなければ、適切な利用者への支援であるとはいえません。
　たとえば、一見すばらしい介護計画であっても、介護計画の実践者（介護職）が利用者を軽んずる態度では、介護計画を実施しようとしても利用者とうまく意志疎通がはかれず、計画通りに支援を行うことができないでしょう。また、看護やリハビリテーションなど、他の専門職との連携の重要性が理解できていなければ、多職種が連携して利用者の生活支援にあたっても、効果的な支援にならないということもあるでしょう。
　第4章では上記のような考えのもと、介護の専門職としての理念や価値等と、リスクマネジメントやチームケアといった介護を実践する上で必要なスキルが、介護過程を展開するなかでどのように生かされているのかについて、ワークを通して考えていきます。

第4章 第1節

第1節 尊厳を守る介護過程

学びのポイント

- 「尊厳を守る介護」「尊厳ある生活」を具体的な介護場面（利用者にとっての生活場面）のなかでどのように提供するか、具体的な実践例をあげながら幅広く思考できるようになる。

キーワード

尊厳　プライド　自分らしさ　個別性

学びの基礎知識

　介護サービスでは、介護保険法やテキストで習った理念など、いたるところに「尊厳」という言葉が出てきます。私たちは「排泄介助の際、利用者の羞恥心に配慮してカーテンを閉めることで尊厳を守る」などと習ったはずですが、その行為だけで利用者は本当に尊厳をもって生活することができるでしょうか。教わった大切な理念は、一人ひとりの生身の人間の生活に置き換えて、主体的に幅広く考えて実践に生かさなければ意味がないものなのです。

　尊厳という言葉は、「尊（とうと）いこと」「厳（おごそ）かなこと」という2つの漢字から成り立っています。人それぞれがもつ、「自分らしさ」がおかされることなく尊ばれている状態といえるでしょう。「尊厳を守る介護」とは、心身の状況にかかわらず利用者が自分に胸を張って生活できるよう、生活のあらゆる側面において「その人らしさ」を見出し、尊ぶ姿勢が介護職には求められます。

　しかし、「その人らしさ」は、人によって千差万別であるため、具体的に定義づけることは容易ではありません。したがって「尊厳ある介護とはなにか」と自分に疑問を投げかけ、利用者の生活像や生活環境について「尊厳ある生活を送れているか」という視点で観察する視点をもちながら介護にあたる必要があります。

ワーク1　実習体験から利用者の「尊厳」を考える

個人　次の事例を読んで考えましょう。

> **事例**　実習生と巡回指導教員との会話
>
> 　前田しおりさんは介護福祉士を養成する専門学校の２年生です。現在特別養護老人ホームで長期にわたる最後の介護実習をしており、これまで学校で学んだことをもとに、日々の体験や実践の根拠や意味を見出そうと努力しています。実習も後半に差しかかった頃、学校の藤崎先生が巡回指導にやって来ました。今、前田さんと「尊厳を守る介護」について以下のような会話をしています。
>
> 前田：私は実習前半で、日々の介護行為を通してどのように利用者の尊厳を守ることができるか、具体的な場面に即して書き出してみました。
> 藤崎：それはよいことですね。では話してみてください。
> 前田：はい。まずベッド上での排泄介助時は、周囲のカーテンを閉めて他者から見えないようにします。また入浴の時は、陰部をタオルで隠したり、陰部を中心に洗えるところはご自分で洗ってもらえるように声かけをしています。
> 　　　ほかにも、利用者が話したことは決して否定せず、すべてを利用者の意思として解釈し、その実現に向けて全力で介護過程を展開しています。これらを念頭に置いて介護することで、利用者の尊厳は守られ、自分らしい生活に近づいていくのだと思います。
> 藤崎：学校で教えたことを忠実に実践しようとしているようですね。でもちょっと考えてみてください。「尊厳を守る介護」とはそれだけでしょうか。介護行為や介護過程だけでなく、「プライドをもってこの社会に生きる同じ人間同士」、さらに「人生の先輩」として利用者を見つめ直した時、この施設で介護を受けながら暮らす利用者が本当に「尊厳ある生活」を送れているか、さまざまな側面から考えてみる必要があると思います。
> 前田：そうですか……。介護は私が考えている以上に奥の深いものなのかもしれませんね。実習後半はこれをテーマにもっとじっくり考えてみようと思います。

1　**個人**　排泄や入浴介助の場面で利用者の尊厳を守るために、前田さんが話したこと（下線部）以外にどのようなことが考えられますか。思いつく限り書き出してみましょう。

前田さんが話したこと（下線部）以外に考えられること

第4章　第1節

2　個 人　ワークの1－1と同じく、利用者の尊厳を守る介護過程を展開するためには、前田さんが話したこと（下線部）以外にどのようなことが考えられますか。思いつく限り書き出してみましょう。

```
前田さんが話したこと（下線部）以外に考えられること


```

3　個 人　排泄や入浴以外にも、生活のあらゆる場面で利用者の尊厳を守るために必要なことはたくさんあります。どのような場面でもよいので、利用者の尊厳を守る介護を行うために介護職員に求められることを書き出してみましょう。

```
介護職員に求められること
・
・
・
```

4　全 体　グループメンバーが考えたワーク1－1からワーク1－3を全員で回し読みをし、感想を述べ合った後、全員の考えをまとめましょう。
　「利用者が望む『尊厳ある生活』」とはなにか、それを守るために介護職員が考えること、とるべき態度や行動をまとめ、各グループから全体に向けて発表します。

利用者が望む「尊厳ある生活」	介護職員の思考、態度、行動

📎 まとめ

　「尊厳ある生活」を一言で表すと、「要介護状態になっても利用者が一人の大人として胸を張って暮らせること」と言えるでしょう。利用者が、私たちと同じように、あるいは私たちよりも豊富な人生経験をもった人として尊重される暮らしを送るためには、生活のあらゆる側面で常に「この方は今、自分らしく胸を張って暮らしているだろうか？」と考え続けることがなにより重要です。

　尊厳を低下させる要因は、何気ない日常生活のなかにもあふれています。たとえば、自宅や旧来の交友関係と離れて暮らす寂しさ、集団生活のストレス、介護職との相性、家事や他人の世話焼きができず自分らしさを発揮できないこと、日課が決まっていて一人でのんびり過ごすことができないこともそうでしょう。そもそも要介護状態になって生活に不自由を感じていること自体が尊厳の低下につながっています。当初、前田さんが考えていた「カーテンを閉める」「話したことすべてを利用者の意志と考える」というものは、ごく一部にすぎませんし、一方的な考え方とも言えます。利用者を中心とした人間関係、利用者を取り巻く環境など幅広い視点から「尊厳」をとらえ直す必要があると言えます。

　介護職にとっては、利用者のあらゆる生活場面に「尊厳」があり、日々の何気ないかかわりのなかで小さな気づきを積み重ねていくことが大切です。「私自身が利用者の尊厳を低下させていないか」と自らの姿勢を常に振り返る姿勢をもち続けることも忘れずにいたいものです。

🔍 ふりかえり

　下記の項目について、チェック欄に該当するマークをつけましょう。
できた＝◎、少しできた＝○、あまりできなかった＝△、できなかった＝×

項　目	チェック
1．介護が必要な人の尊厳を低下させる要因を説明できますか。	
2．介護過程を展開する上で、利用者の尊厳を守るためにどのような心構えをすべきか、説明することができますか。	
3．具体的な介護場面をあげ、利用者の尊厳を守るために介護職がとるべき行動をあげることができますか。	

※△もしくは×がついた場合は、ワークブックを読み返し、改めて学習しましょう。

第4章　第2節

第2節　「価値」の問題と介護過程

👆学びのポイント

・介護職としての価値が介護過程を展開する上で必要であることを理解する。
・利用者の有する価値を尊重することの大切さについて理解する。

🔑キーワード

価値　　自己決定　　倫理

📖学びの基礎知識

「なにがよいことなのか」、「なにが望ましいのか」というものごとの判断や意思決定は、個人が有する価値にもとづいて行われます。こうした価値は、介護職員と利用者の両者が有しているものです。また、介護職員は、「介護職としての価値」と「個人としての価値」の両方を有しているといえます。介護職員が自らの「個人としての価値」で利用者をとらえることは、利用者の人生と生活をおびやかすことにもなりかねません。

介護過程を展開する上でも、こうした「介護職としての価値」と介護職員が有する「個人としての価値」、そして「利用者の有する価値」といった、多様な価値がぶつかり合ってしまうことがあります。こうしたことは、決してよいことではありませんし、介護の専門職としての倫理にも反します。

💡ワークの進め方

ワークを行うにあたり、「日本介護福祉士会　倫理基準（行動規範）」を手元で見ることができるように準備をしておいてください。

✏ワーク1　利用者の価値と介護職の価値

　個　人　　事例を読みましょう。

| 事例 | 安倍さんの介護計画の評価 |

特別養護老人ホームに入所している安倍忠夫さん(75歳、男性、要介護3)は、アルツハイマー型認知症のため、介護職員との会話のなかで、つじつまがあわなくなることがときどきあります。介護職員からは、排泄介助と入浴介助、手引き歩行の介助を受けています。歩行については、介助を受けずに歩き、ふらついて転倒してしまうことがあります。安倍さんの担当である佐藤介護職員は、安倍さんと相談をして、介護計画を立案しました。佐藤介護職員は、介護計画の短期目標を「居室からリビングまで手すりにつかまりながら歩くことができる(期間:1か月)」と設定し、計画を実施しました。

1か月後、月例のケアカンファレンスの際に、佐藤介護職員は、安倍さんの介護計画の評価について森介護主任に報告をしました。

佐藤：安倍さんは、短期目標を達成できませんでした。安倍さんには、もっとしっかりと歩けるようになってほしかったのですが……。安倍さんもがんばってくれたのですが、目標が達成できなかったのは、大変残念です。安倍さんの隠れた力を発揮させてあげられなかったのが残念です。認知症があっても足腰がしっかりして、自由に歩けるのがよいことだと思って支援したのに……。

森　：佐藤さん、あなたの評価の報告は、専門職としての姿勢がまったくみられませんね。

佐藤：どういう意味ですか。誰の手も借りずに歩ける方がよいに決まってるじゃないですか。だからそのために介護計画を自分一人で一生懸命に考えてつくったんです。

森　：もっとしっかり歩けるようになってほしいというのは、誰の気持ちですか。評価とはなにをする段階かわかっていますか。

佐藤：わかっていますよ！　しっかり歩けるようになってほしいというのには、私の気持ちも入っていますが、安倍さんも歩けるようになりたいと話してくれました。だから目標に設定したのです。私一人の気持ちで決めたことではないですよ。

森　：それでは、なぜ目標を達成できなかったのでしょうか。その要因はなんですか。

佐藤：介護計画では、午前と午後、1日2回、安倍さんに居室からリビングまで手すりにつかまって歩いてもらうことにしたのです。しかし、安倍さんは、最初からあまり乗り気ではなくて。「絶対、絶対に安倍さんにならできる」と言って励ましたのですが、安倍さんは、もっと楽なやり方がいいと言ってすぐに休んでしまうんですよ。私は、安倍さんの身体の状態とかはわかっていますから、まだまだ休まなくてもがんばれるとわかるのに、安倍さんは、しんどいと言って。ときどき、文句を言いながら歩きはするのですが。しまいには「こんなことしたくない、目標は別なものがよかった」と言い出すのです。最初に決めたことは、最後までがんばってやらなくちゃダメですよと言ったのですが……。やはり認知症が進むとダメなんですね。

第4章　第2節

> 森　：佐藤さん、それは安倍さんの介護計画を立案して実施したことにはなりませんよ。介護計画にしても実施内容にしても、あなたの価値を安倍さんに押しつけたようなものですよ。
> 佐藤：え〜!?

1　**個　人**　佐藤介護職員が自分の価値を押しつけているような言動を事例から抜き出し、次の空欄に書きましょう。

```
佐藤介護職員が自分の価値を押しつけているような言動
・

・

・
```

2　**個　人**　介護職としての備えるべき価値と比べて、佐藤介護職員にはなにが足りないと思いますか。「日本介護福祉士会　倫理基準（行動規範）」をもとに足らないことについて考え、次の空欄に書きましょう。

```
佐藤介護職員に足りないこと
・
```

「価値」の問題と介護過程

3 **グループ** 始めに、ワーク1-1とワーク1-2で書いた内容をグループ内で発表しましょう。次に、介護職としての価値には、どのようなことがあるのかを話し合い、その内容を次の空欄に書きましょう。

```
介護職としての価値
・

・


・

```

4 **グループ** 佐藤介護職員が、安倍さんの介護計画の評価として本来報告しなければならないことについて次の空欄に書きましょう。

```
介護計画の評価として報告しなければならないこと
・

・


・

```

5 **グループ** 介護計画の立案と介護計画を実施する際に気をつけなければならないことを次の空欄に書きましょう。

```
介護計画を立案する際に気をつけなければならないこと
・

・


介護計画を実施する際に気をつけなければならないこと
・


・

```

第4章　第2節

✎ まとめ

　介護計画を実施することが、利用者に変化（効果）ばかりを期待することになるかもしれません。介護計画の実施は、意図的に利用者に対して変化を促すことでもあります。しかし、それは時として、「利用者は、こうなるのがよい、こうなってほしい」という、介護職側の価値の押しつけにもなりかねません。また、利用者が介護計画の実施を拒んだり、計画を実施しても利用者に変化がないからといって、利用者をさげすんだりしてもいけません。介護計画を実施してもうまくいかない、あるいはよい結果が得られない場合、介護職は、利用者の情報の収集に問題はなかったのか、支援内容や方法が適切であったのかについて、冷静かつ客観的に介護計画を評価することが必要になります。

🔍 ふりかえり

　下記の項目について、チェック欄に該当するマークをつけましょう。
できた＝◎、少しできた＝○、あまりできなかった＝△、できなかった＝×

項　目	チェック
1．介護職としての価値について、3つ書くことができましたか。	
2．介護計画の評価の段階で行わなくてはいけないことを書くことができましたか。	
3．介護計画の立案と実施の際に気をつけなければならないことを、それぞれ2つずつ書くことができましたか。	

※△もしくは×がついた場合は、ワークブックを読み返し、改めて学習しましょう。

第3節 倫理的葛藤と介護過程

学びのポイント

・介護過程の展開における倫理的葛藤(かっとう)の意味を考える。
・介護過程の展開で生じる倫理的葛藤場面での利用者への影響と介護者の考え方及び行動のあり方を考える。

キーワード

倫理　　価値・規範　　葛藤　　戸惑い

学びの基礎知識

　介護過程の展開では利用者に向き合い、さまざまな場面に深くかかわることになります。そのため利用者やその家族との予測していなかった場面のなかで予測せずにわき起こる感情としての「ためらい」「戸惑(とまど)い」「うしろめたさ」という葛藤が生じやすいといえます。

　介護福祉士には倫理にもとづいた行動規範を実践することが「日本介護福祉士会倫理綱領」に定められています。それに加え、介護者がもつ介護観や価値観が影響していると理解することができます。専門的立場の介護職が抱く葛藤が生じる場面としては、介護職側の規範的な判断と利用者の言動や自己決定が対立する場合、利用者と家族の要望や意見が対立する場合等があげられます。

ワーク1　利用者の言動や行動から生じた介護者のためらい、葛藤

個人　次の事例を読んで考えましょう。

事例　特別養護老人ホームの長期実習でかかわった原田さんの例

　実習生の斉藤陽子さんは、特別養護老人ホームで約1か月間の長期実習を行っています。この実習では介護過程の展開に取り組みます。実習開始1週間が過ぎ、対象の利用者を原田八重子さん（82歳、女性、要介護3）に決定しました。

　原田さんが話し好きで、なるべく多くの人とおしゃべりを楽しみたいと希望されていること

第4章　第3節

がわかってきました。職員の方々はコミュニケーションをはかり情報収集がしやすいようにと、何度も原田さんを誘い時間を設けてくださいます。対象利用者の原田さんは笑顔で受け入れてくださいますが、斉藤さんはためらいを感じています。

1　**個　人**　実習生の斉藤さんは、利用者の原田さんの言動・行動に対してどのように感じ、迷っていると思いますか。あなたが思ったことを書きましょう。

斉藤さんが原田さんの言動・行動に対して感じ、迷っていること
・

・

・

✎ワーク2　利用者の本心と思われる話を聞いた介護者の戸惑い、葛藤

個　人　事例を読みましょう。

事例　特別養護老人ホームの長期実習でかかわった石塚さんの例

　実習生の鈴木亜希子さんは、特別養護老人ホームで約1か月間の長期実習を行っています。この実習では介護過程の展開に取り組みます。いつも居室で過ごしている石塚美智子さん（68歳、女性、要介護4）を対象利用者に決定しました。

　美智子さんは脳性麻痺で障害者施設に入所していました。そこで同じ障害をもつ石塚信二さんと結婚しました。夫の信二さんは、美智子さんが現在の特別養護老人ホームに入所されてから、ほぼ毎日面会に来ています。信二さんは障害の程度が軽く以前から美智子さんの入浴介護を行っていました。それは現在でも継続しています。美智子さんは夫の介護を喜んでいる様子です。信二さんは「妻の介護が生きがいになっている。そして少しでも早くこの施設の生活に慣れてほしい」と話しています。鈴木さんはこれらの情報を得るなかで美智子さんから「今の生活は辛い。夫はこの生活に慣れるようにと言うが、離れ離れの生活で死にたくてしょうがない。毎日死ぬことばかり考えてしまう」という話を聞きました。

倫理的葛藤と介護過程

1 　個　人　　実習生の鈴木さんは、利用者の石塚さんの言動・行動に対してどのように感じ、迷っていると思いますか。あなたが思ったことを書きましょう。

鈴木さんが石塚さんの言動・行動に対して感じ、迷っていること
・
・
・

✏️ ワーク3　介護者のためらい、戸惑い、葛藤がさまざまであることを知る

1 　グループ　　グループメンバー間でワーク1に書いた内容を発表しましょう。発表を聞いて新たな気づきや発見等を書きましょう。

新たな気づきや発見等

2 　グループ　　グループメンバー間でワーク2に書いた内容を発表しましょう。発表を聞いて新たな気づきや発見等を書きましょう。

新たな気づきや発見等

第4章　第3節

3　**個　人**　あなたが介護過程の展開で抱いた葛藤「ためらい」「戸惑い」「うしろめたさ」について書きましょう。このような体験をしたことがない場合は、利用者とのコミュニケーションをはかろうと挨拶や話しかけなどをしても応えていただけなかった場面などを想像して書きましょう。

介護過程の展開で抱いた葛藤「ためらい」「戸惑い」「うしろめたさ」
・ ・

4　**個　人**　ワークの3-1から3-3を通して、あなたが介護過程の展開で抱いた葛藤の解決につながるものを書きましょう。

あなたが介護過程の展開で抱いた葛藤の解決につながるもの
・ ・ ・

まとめ

　倫理とは人と人とのかかわりにおいて守らなければならない価値（よし悪し）や規範（すべきこと・してはならないこと）を意味しています。「倫理的葛藤」とは相反する複数のことがらがあり、いずれも重要だと考えられる場合どうすればよいか迷うことです。どちらを選んでも完全な解答ではない場合もあります。倫理的葛藤は、介護職の規範的な判断と利用者の自己決定が対立する場合、介護職それぞれの倫理観の相違等によって対応が変わってくることがあります。

ふりかえり

　下記の項目について、チェック欄に該当するマークを記入しましょう。
できた＝◎、少しできた＝○、あまりできなかった＝△、できなかった＝×

項　目	チェック
1．介護職における倫理の意味が理解できましたか。	
2．介護過程の展開を実践していくなかで抱く葛藤について説明できましたか。	
3．倫理的葛藤の向き合い方、解決方法を書き出せましたか。	

※△もしくは×がついた場合は、ワークブックを読み返し、改めて学習しましょう。

第4節　利用者主体の介護過程

学びのポイント

- 「相手の立場に立って考えること（利用者主体）」について、まず日常生活の場面をもとに改めて考える。
- 介護職として「利用者の立場に立ったかかわり」や「利用者主体の介護」を提供する上での基本姿勢を身につける。

キーワード

利用者主体　　自己覚知　　価値観

学びの基礎知識

　介護は、利用者のよりよい生活を目指して専門職が行う意図的な働きかけです。それでは、利用者のよりよい生活とはどういうことなのでしょうか。それを知っているのは、当然ながら利用者本人です。そのため、利用者が思うよりよい生活について、利用者自身の意思と行動をもって実現をはかれるようにすることが大切です。こうした、利用者と介護職との関係において、利用者の意思・判断により行動を行うといった利用者の主体性を尊重する考え方を「利用者主体」といいます。

　介護職には、利用者の思いに耳を傾け、「利用者主体」の支援を実践することが求められています。もし、介護職が「○○をしてあげる」あるいは、よかれと思って行ったことが、実は利用者の意思に反していたり、利用者の心身機能を低下させてしまうことになります。あるいはそのことで利用者自身が、自らが人生の主人公として生きることに希望を見出せなくなってしまうこともありえます。

　そのため、利用者自身が自分の人生の主役であるという「利用者主体」を実現するためには、介護職側から十分に配慮ある態度やアプローチをしていく必要があります。

第4章　第4節

✎ ワーク1　相手の身になって相談に乗るとはどういうことか

　個 人　次の事例を読んで考えましょう。

> **事例**　友達からファッションに関する相談を受けた場合
>
> 　徳永さやかさんは専門学校に入学したばかりの1年生です。ある日、知り合って間もない友人の山根ますみさんが、徳永さんに相談をしてきました。山根さんはなにかにつけて気弱な表情で「自信がない」と言います。服装も少々地味で、人前に出ることをあまり好みません。反対に徳永さんは積極的な性格で、ファッションセンスには自信があります。
>
> 　山根さんは「私、自分を変えてもっともっと私らしくなりたいの。まず服装から変えようと思ってるんだけど、私にはどんな服が似合うと思う？　アドバイスしてほしいな……」と言いました。
>
> 　徳永さんは「もっと派手な服を着て、自信をもってもらおう！」と思い、自分の行きつけの店を紹介しようと思い立ったのですが、「ちょっと待って。私の好みの服をすすめるだけでいいのかな」と考え直しました。

1　**個 人**　徳永さんはなぜ、自分の好みや行きつけの店をすすめることをためらったのでしょうか。徳永さんの心のなかを想像して書いてみましょう。

```
徳永さんの心のなか


```

2　**個 人**　徳永さんの好みの服や行きつけの店をすすめられたとしたら、山根さんはどう思うでしょうか。山根さんは「私らしく」なれるでしょうか。山根さんの心のなかや、その後起こりうることを想像して書いてみましょう。

```
山根さんの心のなか
・
・
・

その後起こりうること
・
・
・
```

利用者主体の介護過程

3 **グループ** 山根さんが満足する「自分らしさ」をお手伝いするために、まず徳永さんがすべきことはどのようなことでしょうか。グループ内で話し合い、徳永さんのすべきことを次の空欄に書きましょう。

```
徳永さんのすべきこと
・
・
・
```

4 **ペア** グループ内でペアを組み、徳永さん役と山根さん役に分かれて、徳永さんから山根さんにワーク1-3で考えた行動や言動を投げかけてみましょう。山根さん役は自分の好みにそって返事をし、5分間会話を続けましょう。

終了後、山根さん役はどの程度自分が主体となって会話ができ、ファッションのアドバイスを受けることが楽しみになった（ならなかった）か、その原因はなんなのかなど、気づいたことを徳永さん役に伝えましょう。

徳永さん役は、受けた指摘を今後の対人援助の課題として次の空欄に書いておきましょう。

```
徳永さん役が山根さん役から指摘された今後の対人援助の課題
・
・
・
```

5 **グループ** 介護過程を展開して利用者主体の生活を送ってもらうために、介護職に求められる姿勢とはどのようなものでしょうか。話し合った内容や、あなたが気になったことを次の空欄に書きましょう。

```
あなたが気になったこと




```

第4章　第4節

ワーク2　利用者主体の生活のために「思い」をくみ取る

個人 次の事例を読みましょう。

> **事例**　「やりたいことはありません」と言う利用者
>
> 　坪井あかりさんは特別養護老人ホームで介護過程を展開する実習生です。若田ハルエさん（84歳、女性、要介護5）を担当することになりました。重い内科疾患と身体障害があってほぼ寝たきりですが、会話のやり取りは不自由なくできます。
>
> 　坪井さんが「これからの人生でやってみたいことはなんですか」「今一番楽しみにしていることはなんですか」と質問しても、若田さんは「こんな身体だもの、あなたたちにお世話してもらっているだけで十分ありがたいわ。やってみたいことがあってもできないでしょうし、これ以上わがまま言ったらあなたたちに申し訳ないわ」「この年になっているから、楽しみなんてないわ。毎日平穏無事に過ごせれば十分よ」と言います。坪井さんは「こんな状況じゃ、利用者主体の生活を送るための介護過程の展開なんてできないかもしれない。どうしよう……」と不安になり、同じ施設で実習する同級生と休憩時間に相談することにしました。

1 **グループ** 以下の①②は、坪井さんが仲間に投げかける相談内容です。
　①若田さんが言う「こんな身体だもの、やってみたいことがあってもできないでしょう」という言葉があまりにも重すぎて、なんと返事をしてよいかわからなくなっちゃった。みんななら若田さんが主体となる今後の人生をどう探っていく？
　②若田さんが言う「毎日平穏無事に過ごせれば十分よ」って、本心なんだろうか？　介護職としてそのまま受け取っちゃっていいんだろうか？
　若田さんにとっての①「利用者主体の生活」とはどのようなものか、②介護職としてどう考えればよいのか、グループ内で意見を出し合ったり、お互いに相談し合ったりしてみましょう。

若田さんにとっての「利用者主体の生活」
・

・

介護職としてどう考えればよいのか
・

・

2 　全　体　各グループで話し合った内容を発表し、他のグループの発表を聞いて、気づいたことを次の空欄に記入しましょう。

✐まとめ

　ワーク1は、ファッションについて相談してきた友人に、つい自分の好みを押しつけようとする徳永さんの事例でした。相手を思えば思うほど、相手によかれと思う自分の価値観を押しつけてしまうことが、誰にでもあります。本当は、まず相手の気持ちや状況を深く知り、相手が納得できる方向性を見出そうとしなければならないし、そうでなければ良好な人間関係を維持することはできません。

　ワーク2は、障害が重く性格も遠慮がちな若田さんが、どうしたら主体的に暮らせるか迷う実習生の事例でした。「利用者主体」とは、利用者が主体的になにかに取り組むことだけではないはずです。どれほど重い障害があっても、若田さんが「私が主役の人生を生きている」と胸を張って思えるような家族・友人関係、生活環境、介護職との信頼関係などからも考える必要があります。

　介護の仕事は、介護職が一人で考えて答えを出そうと抱え込んでしまうことが多いものです。「利用者主体」を実現するためには、もしかするとチームの仲間と意見を交わし合ったり、狭くなりがちな自分のものの見方を改めて知ることなどが実は一番大切なのかもしれません。

🔍ふりかえり

　下記の項目について、チェック欄に該当するマークをつけましょう。
できた＝◎、少しできた＝○、あまりできなかった＝△、できなかった＝×

項　目	チェック
1．自分の価値観やこだわり、人を支援する時の姿勢について点検項目をあげ、それについて振り返ることができますか。	
2．他者（友人や同僚、利用者）の好みやこだわり、性格などを理解し、適切に説明することができますか。	
3．利用者の立場に立ち、利用者主体の介護を提供するために必要な介護職の心構えについて説明できますか。	

※△もしくは×がついた場合は、ワークブックを読み返し、改めて学習しましょう。

第4章　第5節

第5節　個別化の実践と介護過程

👆学びのポイント

・介護過程を展開する上で個別化が重要であることを理解する。
・利用者を理解するための情報収集が介護計画に与える影響について認識する。

🔑キーワード

個別化　　情報収集　　自己決定　　その人らしさ

📔学びの基礎知識

　個別化の実践は、利用者一人ひとりの自分らしい生活を実現させることにつながります。介護職が個別化を実践する上では、利用者一人ひとりの心身状態や生活環境を把握することから生活課題を明らかにし、介護計画を立案しなければなりません。また、利用者の自分らしい生活の実現に向けては、利用者の思いや意向を十分に把握し、これからどのような生活を送るのかについての選択と決定が行えるように、利用者の自己決定を尊重することが大切です。

✏️ワーク1　なんのための介護計画？

　グループ　事例を読みましょう。
　グループ内で登場人物の小泉介護主任役と木村介護職員役、冒頭の部分を読む役を決め、事例を声に出して読みましょう。

> **事例**　同じ介護計画になった佐藤さんと鈴木さん
>
> 　佐藤ハルさん（80歳、女性、要介護1）と鈴木ナツさん（80歳、女性、要介護1）は、双子の姉妹です。佐藤さんと鈴木さんは先週、有料老人ホームへ入居されました。2人の担当になった木村介護職員は、2人の介護計画を立案しました。小泉介護主任は、木村介護職員から提出された二人の介護計画を読んで、木村介護職員に質問しました。
> 　小泉：佐藤さんと鈴木さんの介護計画を読みました。2人の介護計画、ほとんど内容が同じで

す。どういうことですか。
木村：佐藤さんと鈴木さんは、2人とも脳梗塞を発症し、左半身麻痺があります。また、2人とも杖を使用して歩いています。2人ともリハビリパンツを使用しているし、日中は居室のトイレ、夜間はベッドサイドのポータブルトイレを利用しています。2人とも、ほとんど同じような状態なんですよ。2人にこれからどんな生活を送りたいかと聞いてみても、このままずっと杖を使って歩ける状態でいたいと話していますし……。
小泉：同じ身体状態で同じ希望だから、介護計画の内容も同じなのですか。
木村：はい。
小泉：う～ん、それはないでしょう。佐藤さんは、佐藤さん。鈴木さんは、鈴木さんですよ。2人は同じではないのだから、介護計画だって違うものになりますよ。
木村：う～ん……、あっ！そうです、名字と季節が違います！
小泉：……。

1　**個 人**　2人の介護計画が同じであることを、あなたはどう思いますか。あなたが思ったことを書きましょう。

あなたが思ったこと

✐ワーク2　利用者を個別に見る

グループ　事例を読んで考えましょう。

グループ内で登場人物の小泉介護主任役と佐藤さん役、冒頭の部分を読む役を決め、事例を声に出して読みましょう。

事例　ふたりの本当の気持ち

　翌日、小泉介護主任は、リビングのいすに座って庭を眺めている佐藤さんに声をかけました。
小泉：佐藤さん、この施設での生活はどうですか。
佐藤：うん、いいねぇ。ほら見てよ、ここの庭。花壇の花がきれいだね。私も家ではたくさん花を育てていたよ。
小泉：佐藤さん、お花が好きなんですね。この施設では、鈴木さんとも一緒だから、安心なんじゃありませんか。

第4章　第5節

> 佐藤：ふふ〜ん、まあね。でも、ナツとは、ときどきケンカもするよ。ナツは、負けん気が強いんだ。足が弱っちゃったけど、杖をついてどこにでも歩いて行きたがるしね。だからナツは、本当は、夜だって部屋のトイレに行きたいのよ。でもね、職員さんから、転ぶと危ないって言われているから……。
> 小泉：そうなんですか……。もしかして、鈴木さんがこれからも杖をついて歩きたいのは、夜もトイレに行きたいからでしょうか。
> 佐藤：ふん、そんなこと、ナツに聞いてみなさいよ。
> 小泉：佐藤さんも、ポータブルトイレよりも部屋のトイレを使いたいですか。
> 佐藤：いいや。私は、夜はアレでいいんだ。トイレに間に合わないのは嫌だからね。
> 小泉：では、佐藤さんがこれからも杖をついて歩きたいのはどうしてですか。
> 佐藤：だって、花がたくさんあるこの庭を、孫と一緒に散歩できたらいいじゃない。
> 小泉：そうですね。お孫さんと散歩できたら、楽しいですね。佐藤さんと鈴木さんは、双子でまったく同じみたいだけど違うんですね。
> 佐藤：同じみたいだけど違う!?　そんなんじゃないよ。
> 小泉：えっ!?
> 佐藤：私はわたし。ナツと比べてどうこう言わないで。

1　**個　人**　事例を読んで、木村介護職員の考えた佐藤さんと鈴木さんの介護計画が同じようになってしまったのは、どうしてだと思いますか。あなたの考えを書きましょう。

佐藤さんと鈴木さんの介護計画が同じようになってしまった理由
・ ・

2　**個　人**　介護計画を立案するために収集しなければならない情報を、次の空欄に書きましょう。

収集しなければならない情報
・ ・ ・ ・ ・

3 【個人】個別化を実践する上で、情報収集や介護計画の立案を行う際に気をつけなければならないことを書きましょう。

```
個別化を実践する上で気をつけなければならないこと
・
・
・
```

4 【全体】グループ内で、ワーク2−3に書いた内容を発表してからグループとしての見解をまとめ、グループごとに発表しましょう。

```
グループとしての見解

```

✎まとめ

　同じ身体状態であるならば、同様の支援になるのは仕方がないと考えたりするかもしれません。しかし、全てが誰かとまったく同じという人は、世の中にいません。特に人の願いや思いというものは、千差万別です。利用者一人ひとりの気持ちをじっくりと聴いて、利用者がどうしたいのか、どうありたいのかを適確に把握しなければ、利用者の自分らしい生活の実現に向けた介護計画を立案することはできないのです。

🔍ふりかえり

　下記の項目について、チェック欄に該当するマークあるいは数字を記入しましょう。
できた＝◎、少しできた＝○、あまりできなかった＝△、できなかった＝×

項　目	チェック
１．佐藤さんと鈴木さんの介護計画が同じようになってしまった理由を書くことができましたか。	
２．介護計画を立案するために収集しなければならない情報を4つ以上書くことができましたか。	
３．個別化を実践する上で気をつけなければならないことを2つ以上書くことができましたか。	

※△もしくは×がついた場合は、ワークブックを読み返し、改めて学習しましょう。

第4章　第6節

第6節　自立支援に向けた介護過程

👆学びのポイント

・自立支援について理解する。
・介護過程を展開する上で自立支援が重要であることを理解する。

🗝キーワード

自己決定の自立　　身辺の自立　　自立支援

📖学びの基礎知識

　一般的に「自立する」というと、誰の手を借りることなく身の回りのことができること、すなわちADL（日常生活動作）やIADL（手段的日常生活動作）の自立、親などからの経済的自立と思われがちです。しかしそうすると、要介護高齢者や障がい者など、日常生活になんらかの支援を受けている方々は、自立できないということでしょうか。
　自立についての考え方として、ADLやIADLなど身の回りのことができる「身辺の自立」や「経済的自立」などとともに、自分の人生と生活は自分自身で決めるという「自己決定の自立」があります。「自己決定の自立」は、人が尊厳をもって生きていく上で欠かすことのできないことです。
　日常生活になんらかの支援を必要とする要介護高齢者や障がい者にとって、「身辺の自立」を目指すことも大切ですが、なによりも「自己決定の自立」にもとづいて日々の生活を自分で決めて生きていくことが重要であるといえます。
　介護過程を展開する上で、こうした2つの自立を支援することを念頭に利用者とかかわらなければ、利用者の生活の質（QOL）の向上にはならないのです。

✏ワーク1　利用者の自立について考える

　グループ　事例を読みましょう。

自立支援に向けた介護過程

事例 重田さんの介護計画と自立支援

　伊藤良子さんは、特別養護老人ホームで介護実習を行っています。利用者の重田ミツさん(80歳、女性、要介護3)の介護計画を立案することになりました。

　重田さんは、脳梗塞の後遺症により右片麻痺があります。また、失語症のため話し方がぎこちなく、重田さんはそのことを気にしてあまり他者との交流を好みません。日中は、リハビリを済ませると一人でテレビを見て過ごしています。

　ある日、重田さんの情報を収集するために、伊藤さんは重田さんに声をかけました。しかし、見慣れない実習生の伊藤さんに対し、重田さんはほとんど話をしてくれません。そのため、伊藤さんは重田さんに話しかけることをためらうようになりました。

　伊藤さんが重田さんを観察していると、理学療法士による歩行練習もまじめに取り組み、テレビを見ている時も、いすに座ったまま足ぶみをすることがありました。また、重田さんの記録から、入所前は、版画や編み物などの創作活動にも大変熱心だったことがわかりました。

　伊藤さんは、これらの情報からアセスメントシートを記入しました。そして、伊藤さんなりに生活課題を設定し、介護計画を作成しました。介護計画書には、重田さんに施設内で流行っているちぎり絵をしてもらうことから、生きがいをもつことができるという目標が書かれました。

　作成した介護計画を実習指導者の小林さんに確認してもらうと、「この介護計画は、重田さんと一緒に作ったものですか？　介護計画の内容を実施することだけが自立支援ではないのです。介護計画を作成するプロセスも、利用者の自立支援なのですよ。この介護計画は、本当に重田さんの自立支援と生活の質（QOL）の向上につながるのかしら？」と言われました。

1　**グループ**　小林さんは「介護計画を作成するプロセスも利用者の自立支援なのですよ」と話しています。アセスメントから介護計画の立案までのプロセスで、どのようなことが利用者の自立支援につながるのでしょう。「自己決定の自立」をキーワードに考え、利用者の自立支援につながることを次の空欄に書きましょう。

利用者の自立支援につながること
・ ・ ・

第4章 第6節

2 グループ 重田さんの「身辺の自立」支援を検討するためには、どのような情報を収集する必要がありますか。次の空欄に具体的に書きましょう。

重田さんの「身辺の自立」支援を検討するために必要な情報
・ ・ ・ ・

3 グループ アセスメントから介護計画の立案を行うまでに、伊藤さんに足りなかったことはなにかについて考え、次の空欄に書きましょう。

伊藤さんに足りなかったこと
・ ・ ・

4 全体 ワーク1-3についてグループごとに発表しましょう。発表を聞いて、自立支援に向けた介護過程を展開するために介護職が留意しなければならないことについて、次の空欄に書きましょう。

介護職が留意しなければならないこと
・ ・ ・ ・

自立支援に向けた介護過程

📎 まとめ

　介護計画は、利用者のものです。そのため介護計画は、利用者の意思のもと、作成されなくてはいけません。介護計画の目標と内容に限らず、介護過程の全体を通して、利用者の意志を尊重し自立支援に向けた支援を行う必要があります。そのため、介護者は「この利用者のこの支援は、自己選択、自己決定によるものか」を考えることが大切です。

　利用者のなかには、自分の意思を伝えることが困難な方もいます。そうした場合は、利用者に内在する力や可能性を引き出していくことも重要になります。

🔍 ふりかえり

　下記の項目について、チェック欄に該当するマークをつけましょう。

できた＝◎、少しできた＝○、あまりできなかった＝△、できなかった＝×

項　目	チェック
1．利用者の「自己決定の自立」が、アセスメントから介護計画の立案においてどのような影響を与えるのかを、グループ内で発言することができましたか。	
2．「身辺の自立」の支援を検討するために必要な情報を3つ以上書き出すことができましたか。	
3．自立支援に向けた介護過程を展開するために、介護職が留意しなければならないことを3つ以上書くことができましたか。	

※△もしくは×がついた場合は、ワークブックを読み返し、改めて学習しましょう。

第4章　第7節

第7節　人権（権利擁護）と介護過程

👆学びのポイント

・介護職がかかわる利用者の生活のなかで、人間らしくその人らしい生活を支え、守り、人権侵害を防ぎ適切に改善するための視点や態度について考える。

🔑キーワード

人権　　権利擁護　　生存権　　幸福追求権　　人権を脅かす要素

📖学びの基礎知識

「人権」とは、人が生まれながらにもっていて、どのような理由があってもおかされることのない権利のことです。また、人権の内容としては自由権、平等権、社会権、参政権などがあげられます。近年、問題になっている高齢者を対象とした悪質商法や詐欺に対する対策や啓発も、経済的自由権の一つである財産権を積極的に擁護しようとするものです。

介護職が守らなければならないのは、利用者のこのような「人権」です。わが国のあらゆる社会福祉の制度やサービスが根拠としているのは、健康で文化的な最低限度の生活を保障した「生存権」（日本国憲法第25条）や、個人の幸福追求の尊重をうたった「幸福追求権」（同第13条）であり、社会権の一つとされています。つまり、どのような介護であっても、利用者の個別性はもちろん、その国や地域の文化水準に照らして適切な状態で、人それぞれの望む生活の実現を目標にしたものでなければならないのです。

近年は、認知症高齢者や高齢者のみで暮らす世帯の増加によって、財産管理の不安が高まったり、悪質なセールスや詐欺の被害が増加しているほか、家族（養護者）や介護職員による高齢者虐待が社会問題化しています。これらをふまえ、介護職には、利用者の生活基盤を揺るがしかねないささいな変化に気づいたり、介護職自身も利用者の人権をおびやかす存在になりうることを自覚したりする必要があると言えます。

介護「福祉」の専門職である以上、介護というものを身体介護や生活援助の行為といった表面的な「業務」としてとらえるのではなく、「人権擁護」、つまり「利用者が自分らしく生きるための基盤を支え、守ること」ととらえなければなりません。介護職が活動する

利用者の生活の場は、そのまま利用者の「基本的人権の場」とも言えます。生活の場では、介護職の配慮不足が利用者を傷つけたり、わずかな気づきが人権擁護につながったりすることがあります。

その人らしい生活を実現するために展開する介護過程は、そのまま「介護を通じて人権を擁護する重要な手段」と言い換えることができるのです。

💡 ワークの進め方

この章では、あらかじめ「日本介護福祉士会　倫理基準（行動規範）」「高齢者虐待防止法（高齢者虐待の防止、高齢者の養護者に対する支援等に関する法律）」などの資料を準備し、メンバー全員が内容を確認してからワークに取り組みましょう。

✏️ ワーク1　介護サービスへの苦情を「人権」の点から考える

個人　次の事例を読みましょう。

> **事例**　訪問介護（生活援助）に対する苦情
>
> 利用者がリビングに行っている間に訪問介護員がベッド周りの清掃をしました。丁寧に行い、利用者が使いやすいよう配慮もしましたが、後日、訪問介護事業所に「あの介護員にはもう来ないでほしい」と苦情が来ました。

1　**グループ**　苦情の原因としてどのようなことが考えられるか、グループで出し合ってみましょう。その根拠となる理念や基準も出し合いましょう。

```
苦情の原因として考えられること


根拠となる理念や基準


```

2　**グループ**　ワーク1-1で出し合った原因を解決するための方策をグループで書き出し、訪問介護員が訪問してから退去するまでの間にとるべき態度、行動、注意点などを書き出してみましょう。

```
訪問介護員がとるべき態度、行動、注意点


```

第4章　第7節

✏️ ワーク２　介護中に発見するかもしれない「人権侵害」の事例①

個 人　次の事例を読みましょう。

> **事例**　身体的虐待を受けた可能性
> 　訪問介護員が、家族と同居する利用者宅を訪問しました。入浴介助の際、背中と太ももに薄茶色のアザができていることに気づきました。利用者に尋ねると「なんでもないから気にしないで。それから家族には内緒にしておいて」と言い、目をそらしました。訪問介護員は、普段家族があまり協力的でないことを思い出しました。

1　**グループ**　このことから、訪問介護員はどのように考え、行動をすべきかについて意見を出し合いましょう。「もしアザの原因が〇〇だったら」のようにさまざまな可能性を仮定し、それぞれの場合において考え、とるべき行動について順を追って書き出しましょう。

✏️ ワーク３　介護中に発見するかもしれない「人権侵害」の事例②

個 人　次の事例を読みましょう。

> **事例**　悪質なセールスの被害にあった可能性
> 　一人暮らしの利用者宅で生活援助（清掃や食材の買い出し）を行う訪問介護員が、最近訪問するたびに同じような家電製品や健康食品、寝具セットが増え、しかも箱から出さずに山積みになっていることに気づきました。利用者は、買い物に使うお金の入った財布を探しますが、なかなか見つかりません。やっと見つかった財布には、前回訪問時には何枚も入っていた一万円札がなく、利用者も不思議な顔をして、「今日は手持ちがない」と言います。

1 **グループ** このような状況から、訪問介護員は利用者にどのようなことが起こっている可能性があるのかを考え、意見を出し合ってみましょう。

```
・
・
・
・
```

2 **グループ** ワーク3-1で考えたすべての可能性について、訪問介護員による、利用者との接し方、収集すべき情報、とるべき行動を話し合ってみましょう。また、活用できる制度や連携等を必要とする専門職種がある場合は、それらについても話し合い、各自で調べておきましょう。

利用者との接し方
・

・

収集すべき情報
・

・

とるべき行動
・

・

まとめ

　人権も倫理も、それが守られているうちは誰も気にとめずに暮らしています。自分らしい暮らしもその幸福感も、それを妨げるものがなければ、私たちはあまり意識することはありません。しかし、要介護状態になって初めて、それを維持することの難しさや、それを妨げる要因に気づかされます。

第4章　第7節

　「人権」は一見とても立派な理念のように見えますが、実は私たちの普段の生活のなかに何気なく存在しているものです。だからこそ、急な病気や老化、社会的立場の変化や社会情勢の影響を受けて、身近なところから気づかないうちに侵害されてしまいます。ワークで取り組んだように、利用者の生活は、わずかな心身状況や生活環境の変化で、人権がおびやかされやすい立場になります。そのため、利用者の日常生活に最も近い位置にいる介護職が、利用者の何気ない生活のなかにある「人権」と「それをおびやかす要素」に敏感になる必要があります。さらに、私たち自身の言動や行動の一つひとつが、利用者の人権に影響を与えるものであることを自覚することも必要です。

　したがって介護職はまず、私たち一人ひとりの「自分らしさ」と、それを守り、守られるための「権利」を自覚して生きなければなりません。それが「自己覚知」の第一歩であり、その自覚があってこそ利用者と真に対等な関係を作れるようになるのではないでしょうか。

ふりかえり

　下記の項目について、チェック欄に該当するマークをつけましょう。
できた＝◎、少しできた＝○、あまりできなかった＝△、できなかった＝×

項　目	チェック
1．介護を要する人の人権が脅かされる要因を具体的にあげることができますか。	
2．利用者の人権を守るために介護職が理解しておくべき法律やその内容を説明できますか。	
3．利用者の人権を守るために介護職がとるべき行動を具体的に説明できますか。	

※△もしくは×がついた場合は、ワークブックを読み返し、改めて学習しましょう。

第8節 リスクマネジメントと介護過程

学びのポイント

・介護過程におけるリスクを想定し、常に対策を考えることができる。

キーワード

介護事故　　リスクマネジメントの視点　　ハインリッヒの法則

学びの基礎知識

　介護過程を展開する際に注意しなければならないのは、リスク（危険）です。介護過程におけるリスクとはどのようなものが考えられるのでしょうか。このリスクをあらかじめ予測できれば、介護事故を防ぐことができます。このリスク因子をマネジメント（管理）することをリスクマネジメントといいます。介護過程におけるリスクには、心身に関するものの他に、人間関係によるものなど、多岐に考えられますが、今回は主に、心身に関するリスクに焦点をあてて考えていきます。

ワーク1　外出の際のリスクマネジメント

個　人　事例を読んで考えましょう。

> **事例**　介護過程の担当利用者へのリスクマネジメント
>
> 　前田泰子さん（88歳、女性、要介護3）は、下肢筋力の維持のためのリハビリテーションを目的として介護老人保健施設に入所しています。軽度の認知機能障害はあるものの、認知症の症状は認められません。軽度のうつ傾向がみられ、施設の居室に閉じこもることもあります。そうした時に前田さんになにか頼みごとやしてほしいことを依頼しても聞き入れてもらえません。前田さん本人は、「外出は嫌いではないけど、なんだかめんどくさい」と話します。
> 　5年程前に転倒して以降、両下肢の筋力が低下したため、四点杖を使用しています。排泄は、介護職員による介助なしで行われています。腹圧性尿失禁があるため、尿取りパッドを使用しています。パッドの交換は自分で行われています。

第4章 第8節

　前田さんと同居していた息子夫婦の希望もあり、2～3か月後に施設を退所し、自宅に戻る予定をしています。

　実習生の永瀬友子さんは、前田さんに介護過程の担当利用者になってもらいました。そして、前田さんに関するアセスメントの結果、短期目標を「庭を30分散歩できる」とし、介護計画の具体的な内容は、「施設の庭を四点杖を使って散歩する。散歩の時間については、最初は10分に設定し、次第に長く伸ばしていく。最終的に短期目標の30分に近づくことができるようになる」としました。

　永瀬さんが収集した前田さんの情報には、次のようなことが含まれていました。

・骨粗鬆症がある。
・あまり水分を取りたがらないので、日頃から介護職員は脱水にならないように気をつけている。
・白内障のため、足元に落ちたなどは見えづらくなっているようだ。
・施設では自宅復帰に向けて、上下肢のリハビリテーションを行っている。
・一時帰宅等を除いて、自宅に帰るのは半年ぶりである。
・自宅には息子夫婦（60歳代）がいる。
・息子夫婦の要望は、前田さんに以前みたいに活発になってもらいたいということである。
・前田さんの部屋は施設の1階にあり、庭への出入り口にも近い。

1 **グループ** 施設の地図（図4-1）をもとに、グループで施設内の散歩ルートを考え、その散歩ルートを、図のなかに矢印で書き込みましょう。

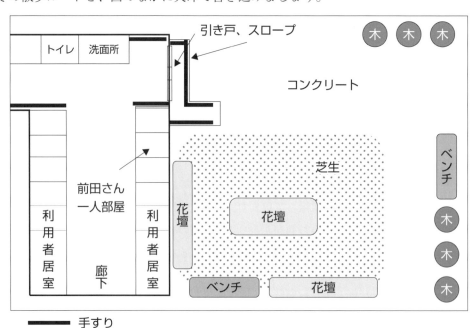

図4-1　介護老人保健施設の建物と庭の図

リスクマネジメントと介護過程

2 　グループ　前田さんには気をつけなければならないことがいくつあります。最低限、心にとめておかなければならないことは①散歩へ行く前、②散歩中、③散歩から帰ってきた時、の3つです。その①から③の状況における「予測される小さなリスク」「予測される大きなリスク」「リスクへの対処方法」のそれぞれについて考え、介護過程におけるリスクマネジメントシートにあるそれぞれの空欄へ、①から③の順番に記入しましょう。

リスクマネジメントシート

予測される小さなリスク	予測される大きなリスク（できごと）	リスクへの対処方法
例：ベッドにサイドレールが設置されていない。	例：ベッドから落ちる。	例：ベッドにサイドレールを設置する。

3 　グループ　リスクマネジメントにおいて必要な視点をグループで考え、次の空欄にまとめましょう。

リスクマネジメントにおいて必要な視点
・ ・ ・

4 **全体** リスクマネジメントにおいて必要な視点についてまとめ、他のグループに向けて発表しましょう。他のグループから学んだことがあれば次の空欄にまとめましょう。

```
他のグループから学んだこと




```

✏️ まとめ

　1件の重大事故の背景には、29件の小さな事故があり、さらにその背景には300件のヒヤリ・ハットがあると言われています。これを「ハインリッヒの法則」と言います。日常生活にはリスクがつきものです。しかし、リスクがあるからと言って、私たちは一日中ずっとなにもしないわけにはいかないでしょう。それは、利用者の生活においても同じことです。介護過程を展開する際は、利用者の心身状態や生活環境等を把握し、リスクの削減に努めることが重要なのです。

🔍 ふりかえり

　下記の項目について、チェック欄に該当するマークをつけましょう。
できた＝◎、少しできた＝○、あまりできなかった＝△、できなかった＝×

項　目	チェック
1．小さなリスク、大きなリスクを想定し、リスクマネジメントシートに書くことができましたか。	
2．対処方法を、具体的例をあげて書くことができましたか。	
3．リスクマネジメントにおいて必要な視点を2つ以上あげることができましたか。	

※△もしくは×がついた場合は、ワークブックを読み返し、改めて学習しましょう。

第9節　チームケアの実践と介護過程

👆 学びのポイント

・チームで利用者を支援する意義について理解する。
・チームメンバー間で、利用者のよりよい生活を実現するために意見を発信することの重要性を理解する。

🔑 キーワード

チームケア　　チーム　　情報の共有　　支援の方向性と意識の統一

📖 学びの基礎知識

　たった一人の介護職員だけで利用者の24時間365日の生活を支えることはできません。そのため、複数の介護職員が一人の利用者の生活を支えることになります。こうした複数の介護職員による支援方法をチームケアといいます。

　チームケアを実践するチームには、複数の介護職員により構成されるチームと、介護職員や看護師、社会福祉士、理学療法士といった多職種により構成されるチームなどがあります。この節では、複数の介護職員により構成されるチームによるチームケアを取り上げます。

　利用者への支援に複数の介護職員がかかわる場合、それぞれの介護職員が異なる支援内容と方法を行うことは、利用者を混乱させますし、効果的な支援にもつながりません。そうならないためにも、チームメンバー間では、利用者への支援の方向性や意識を統一したり、実施する支援技術や知識についてチームメンバー間でバラつきがないようにしなければいけません。そのため、多様な意見を出し合って活発に議論ができ、メンバー全員が納得できる方向性を見出しながら介護を提供できるチーム体制づくりと、その体制の維持が求められるのです。

✏️ ワーク1　チームケアのあり方

　個　人　次の事例を読んで考えましょう。

第4章 第9節

> **事例** ちぐはぐなチームの課題

　特別養護老人ホームに入所している春田より子さん（78歳、女性、要介護4）は、3か月前に転倒して左大腿部を骨折し、病院での手術とリハビリを経て杖歩行が可能な状態になりました。

　病院を退院して施設へ戻った春田さんの介護計画には、春田さんの生活課題として「屋外も杖で歩けるようになりたい」があげられ、短期目標を「居室から玄関までを休むことなく杖歩行できる」と設定して、居室から施設の玄関までの廊下を杖歩行で往復する支援を行うことになっていました。しかし、現在の春田さんは、杖をついて歩くよりも、介護職員に車いす介助を依頼することが増えています。

　本日は、そうした春田さんの介護計画の実施状況に関するケアカンファレンスが開催されました。ケアカンファレンスの出席者は、春田さんの担当である木田（チームリーダー）、秋山、宮田、須藤、佐々木の5名の介護職員です。5名は、チームとして退院後からずっと春田さんの支援にかかわっています。ケアカンファレンスでは、チームメンバーから次のような発言がされました。

木田：春田さんに「一緒に歩きませんか」と声をかけると杖をついて歩いてくれます。歩くのがだんだん上手になっていると褒めると、笑顔で杖歩行をがんばると話してくれます。歩いている様子を見る限りでは、辛そうとかそういった感じではないのですが。

秋山：声をかけるとしぶしぶ歩いてくれる感じです。木田さんが誘うと喜んで歩いてくれるのに、私が誘うとなぜしぶしぶなのかしら……。そういえば、春田さん、歩いている時に「真横とかに介護職員がいると見張られているみたいで嫌だわ」と話していたことがあります。私は、その話を聞いてから春田さんの真横には立たないようにしています。春田さん、怒るとこわいから、私は苦手です。

宮田：春田さんに、「筋力が低下してしまうから、歩かないとダメ」と何度も言っているんですよ。でも、春田さん、意地になったような顔をして「今日は歩きたくないのよっ！」と言って歩かないことが結構あります。介護計画書には毎日おやつの時間の前に杖をついて歩くことになっているけど、体調によっては、毎日行うのはしんどいのかしら……。春田さんが介護職員に真横あたりに立たれるのが嫌だということ、初めて聞きました。私は、春田さんのどのあたりにいつも立っているかしら……。介護計画書の留意点に追加しなくてはいけない内容でしょうかね。

須藤：春田さんの介護計画書、どんな内容だったか忘れてしまっている部分が多いなと思います。私は、春田さんが真横あたりに立たれることを嫌がっているのは知ってました。私は、てっきり皆さん知っているものだと思っていました。おやつの時間の前に歩いてもらえない時は、夕飯の前に春田さんへ声をかけて歩いてもらっています。そうしている

のは、私だけでしょうか。そういえば春田さん、少し前に「いろんな人と毎日歩くのは、やり方がいろいろだし、その人にあわせなくちゃいけないからなんだか疲れる」と話されていました。

佐々木：毎日歩くのが春田さんにとって、どれくらい負担なのかなんて考えたことありませんでした。私が春田さんに声をかけると杖を使って歩いてくれます。でも、歩いている時、春田さんは私に「ちゃんと見守っていてね」と何度も確認するんですよ。私の介助になにか問題があるのかしら……。それとも春田さん、転倒したりするのが心配だから、ちゃんと見守るようにと言っているのかしら。夕飯の前に歩くことなんか考えたこともありませんでした。

1　**グループ**　春田さんへの支援に関する5名の介護職員の発言から、チームケアを行うなかで、どのような課題があることがわかりますか。次の空欄に課題を書きましょう。

```
チームケアを行うなかでの課題
・
・
・
```

2　**グループ**　ワーク1-1で書いたチームケアを行うなかでの課題を解決するために、なにを行えばよいでしょうか。次の空欄に書きましょう。

```
課題を解決するために行うこと
・
・
・
```

3　**グループ**　今後も春田さんのチームケアを継続するにあたり、チームリーダーの木田さんは、春田さんとどのようなことを話し合う必要がありますか。次の空欄に書きましょう。

```
春田さんと話し合う必要があること
・
・
・
・
```

第4章　第9節

4 　**グループ**　チームリーダーの木田さんが春田さんと話し合った内容は、介護過程の展開において、どのように生かせばよいと考えますか。次の空欄に書きましょう。

```
介護過程の展開においての生かし方


```

5 　**全体**　ワーク１－３とワーク１－４についてグループごとに発表をしましょう。他のグループの発表を聞いて感じたことや思ったことを次の空欄に書きましょう。

```
他のグループの発表を聞いて感じたことや思ったこと
・
・
・
```

✐まとめ

　介護職は必ずなんらかのチーム体制を組んで一人ひとりの利用者の介護にあたっています。また、チーム内で共有されるのは、介護計画に書かれた内容や方法だけではありません。利用者のありのままの状態を受容し、客観的な視点から状況を分析する姿勢を共有しなければ、利用者とともに介護計画を実施し目標を達成することはできません。

🔍ふりかえり

　下記の項目について、チェック欄に該当するマークをつけましょう。
できた＝◎、少しできた＝○、あまりできなかった＝△、できなかった＝×

項　目	チェック
１．春田さんへのチームケアを行うなかでの課題を３つ書くことができましたか。	
２．チームケアを行うなかでの課題の解決方法をグループメンバーへ提案することができましたか。	
３．春田さんと話し合った内容が、介護過程を展開する上で、どのように生かすのかを書くことができましたか。	

※△もしくは×がついた場合は、改めてワークブックを読み返し、学習しましょう。

第10節 多職種連携と介護過程

👆 学びのポイント

・介護過程の展開が他の専門職者による支援に与える影響について考える。
・ケアマネジメントと介護計画との連動について理解する。

🔑 キーワード

多職種連携　　介護計画　　ケアマネジメント

📖 学びの基礎知識

　利用者の生活を支援するには、介護だけではなく医療や看護、リハビリ、栄養管理などさまざまな職種による支援が必要になります。そして、医療や看護、介護といったさまざまな専門職者がチームとなって一人の利用者へ支援を行うことを「多職種連携」といいます。今日、こうした多職種連携は、ケアマネジメントにおいて実施されています。ケアプランが「どのようなサービスを利用するのか」というサービス利用に関する計画であるならば、ケアプランで計画されたサービスを「どのように実施していくのか」という、具体的なサービスの実施計画が介護計画になります。そのため、介護職による介護計画の実施の効果が、ケアプランのよし悪しにも影響を与えることになります。

　多職種と連携をする上で、介護職は報告・連絡・相談が適切に行えなくてはいけません。また、そのためには、介護職が自らの職務について明確にとらえることができていなければいけません。

✏️ ワーク1　介護職としての立場について考える

　グループ　事例を読んで考えましょう。

　グループ内の1人が事例を声に出して読みましょう。

第4章 第10節

> **事例　原さんの目標**
>
> 　特別養護老人ホームに入所している原タマエさん（75歳、女性、要介護4）は、5か月前に廊下で転倒し、大腿骨頸部骨折のため入院しました。病院での手術とリハビリにより、杖を使用して歩行するまでに回復して施設へ戻ってきました。しかし、施設での生活を再開した原さんは、杖をついて歩こうとしないため、介護職員による車いすの介助を受けています。また、食事がおいしくないと言ってあまり食べようとしません。認知症も少し進んだようで、物の置き忘れや同じ話を繰り返すことも増えました。
>
> 　原さんのケアプランは、入院前と同じような生活を送りたいという意向をふまえて「理学療法士によるリハビリテーション」「介護職員によるレクリエーション活動への参加」「日頃の生活のなかでも杖を使用して歩くことの促し」「食事を三食残さず食べられるための支援」の4つが行われることになりました。原さんの担当である田中介護職員は、原さんのケアプランの短期目標の一つである、「残さず三食の食事を食べることができる」を達成するための介護計画を立案し、原さんへの食事介助の支援が始められました。

1　**グループ**　原さんのケアカンファレンスに参加する際、介護職は、看護やリハビリなど他の専門職になにを報告しなければならないのかを考え書きましょう。

```
介護職として報告しなければならないこと
・
・
・
```

✏ワーク2　多職種が連携する上で大切なこと

グループ　事例を読みましょう。
　グループ内の1人が事例を声に出して読みましょう。

> **事例　原さんのケアカンファレンス**
>
> 　ケアカンファレンスには、田中介護職員、生活相談員（兼介護支援専門員）、看護師、理学療法士、管理栄養士が参加しました。
> 相談員：原さんが退院して来て2か月が経ちました。原さんへの支援について、各担当者から報告をお願いします。では、介護の田中さんから。
> 田中：まず、原さんの食事についてです。三食残さず食べることを目標に支援していますが、ご本人の介護拒否が強く、食事をあまり食べてもらえません。介護計画のなかでは、原さんが食事を食べない時は、原さんに声かけをして食べるように促すとなっています。

しかし、おやつは、声かけをしなくても食べてくれるんですよ……。
看護師：食事の量が増えないみたいですね。原さん、体温も平熱ですし血圧にも問題はないです。しかし昨日、体重測定したら、少し減っていました。食べられていないからですかね。水分は、きちんととられているのでしょうか。
田中：水分については……。すみません、資料をもってきていないので十分に水分補給ができているのかお答えできません。
理学療法士：原さん、平行棒での歩行訓練、がんばっていますよ。しかし、食べられないのではねえ。体力が落ちてしまうと訓練も十分にできません。
田中：そうですね……でも食べてくれないんですよ。甘い物は好きなようで、おやつは喜んで食べられています。いっそ、甘い味の栄養補助食品を出してもらえるといいのですが。
管理栄養士：栄養補助食品は、あくまでも食事の補助ですから、やはり三食を食べていただけるようにしてほしいです。
相談員：どうして食べないのでしょうかね。
田中：う～ん、食べない理由……なんでしょうね。他の介護職員はどう思っているのかなぁ。
相談員：原さんに食べてもらうために、他になにか支援をしているのですか。
田中：私は、介護計画通りに、食事の時は原さんに食べてくださいと声かけをしています。他の介護職員のなかには、口元にスプーンで食事を運んだりしているみたいですよ。
看護師：みたいですよって……。

1 **グループ** 介護職による原さんへの支援が、ケアプランの目標達成や他の専門職による支援にどのような影響を与えるのかについて考え、次の空欄に書いてみましょう。

```
介護職による支援が、ケアプランの目標達成や他の専門職による支援に与える影響
・
・
・
```

2 **グループ** 他の専門職に報告をする上で、田中介護職員の報告に足りないことはなにかについて考え、次の空欄に書きましょう。

```
田中介護職員に足りないこと
・
・
・
```

第4章　第10節

3　グループ　多職種連携を行うなかで、介護職の専門性は、利用者支援のどのような部分に発揮できると説明できますか。グループ内で話し合い、次の空欄に書きましょう。

```
介護の専門性
・
・
・
```

4　グループ　原さんの支援を見直すために、なにを行わなくてはいけないのでしょうか。介護過程のプロセスにそって考え、次の空欄に書きましょう。

```
田中介護職員が行わなくてはいけないこと
・
・
・
```

まとめ

　多職種連携を進める上では、介護の専門職として、利用者への支援をどのように行っているのか、それは成功しているのかなど、自分たちがなにを行っているのかを他の専門職へ明確に伝えることができなければなりません。そのためには、介護過程を展開していくなかで、介護職員間で介護の方向性や介護の実施状況などの情報などが共有され、利用者の目標達成に向けた介護職によるチームケアが適切に実施されているのか否かが重要となります。

ふりかえり

　下記の項目について、チェック欄に該当するマークをつけましょう。
できた＝◎、少しできた＝○、あまりできなかった＝△、できなかった＝×

項　目	チェック
1．介護職による支援が、他の専門職による支援に与える影響について複数書くことができましたか。	
2．多職種連携を行うなかでの介護職の専門性について、グループ内で述べることができましたか。	
3．原さんへの支援を見直すために行わなくてはいけないことを、介護過程のプロセスにそって書くことができましたか。	

※△もしくは×がついた場合は、ワークブックを読み返し、改めて学習しましょう。

応用編

第5章 介護実習での体験から介護過程について学ぶ

　介護実習が終了しましたね。介護過程を実際に取り組んでみて、どうでしたか。うまくいったでしょうか。限られた時間と条件のなかで思い通りにいかなかったとしても、その結果はここからの学びの種となります。成功した、失敗したととらえるのではなく、実習の一つの成果として扱いましょう。

　第5章では、自分が実施した介護過程を振り返ります。もちろん、介護過程のプロセスのなかで自分が行った介護を振り返り、評価まで実施しました。それを繰り返すのではありません。実習中に介護過程の対象者となる利用者に出会ったいきさつ、たとえば「実習指導者にすすめられたのか」「自分からその方にお願いしたのか」を思い出します。単に実習中にやらなくてはいけなかったから、誰か見つけたというものですか。人生のなかで今までも、あなたはたくさんの人に出会ったことでしょう。その一つの出会いがそこにはあったのです。どのような気持ちでその方と出会ったでしょう。介護過程の展開のなかでその方をいったい自分はどのようにとらえましたか。その方はあなたの介護をどのように感じたでしょうか。振り返ってみましょう。

　そして、今後どのような介護をしていきたいですか。どのような介護職になりたいですか。実習での経験を事例報告書の作成や、事例発表会を行うなかで深め、考えていきましょう。

第5章　第1節

第1節　経験したことを振り返る

👆 学びのポイント

・振り返ることで経験が深まることを理解する。
・人にどう伝えたら、自分の言いたかったことが伝わるかを体験する。

🔑 キーワード

経験　　文章化　　説明　　客観視　　伝える

📖 学びの基礎知識

　人に伝える作業をすることで、自分の経験を客観視できます。人にどう伝えたら、自分の言いたかったことが伝わるか、チャレンジしてみましょう。
　ここでも「5W1H」、いつ（When）、どこで（Where）、だれが（Who）、なにを（What）、なぜ（Why）、どのように（How）を使い、情報を整理して文章化していきます。この6要素を押さえることで、伝えるべき経験が明確になります。もともとは新聞記事など情報を伝える時の基本原則です。今ではさまざまな報告などにも使われています。そして、それだけではなく、6要素に関連する自分の感情や感想などもつけ加えてみましょう。

💡 ワークの進め方

　ここでは実施した介護過程を振り返る前に、自分の生活の経験を振り返ります。ワークに取り組む前に週末、長期休暇などを利用して外出した際の写真を用意しましょう。これは印刷したものでなくても、スマートフォンなどのデータのままでもいいでしょう。お互いに見せ合うことができればよいです。また、それとは別に、実習中に印象に残ったことを事前にまとめておきましょう。印象に残った介護職員、介護場面、失敗談など介護過程に関係なくてもよいです。

✏️ ワーク1　5W1Hを使った文章の作成

1　個　人　旅行・外出の内容を、「5W1H」を使って文章にしましょう。写真があると、

より理解が進みます。どの部分を一番伝えたいか（行程、景色、できごと、同行した人など）意識して次の空欄に文章を作成しましょう。

```
旅行・外出の内容



```

2 **グループ** 作成した文章をグループ内で発表しましょう。一人の発表が終わったら、発表者への感想を一人ひとり言いましょう。自分の旅行・外出の内容がどう伝わったでしょうか。伝わった内容、伝わらなかった内容を書いてみましょう。

```
＿＿＿＿＿＿＿さんの発表で伝わった内容、よくわからなかった内容



＿＿＿＿＿＿＿さんの発表で伝わった内容、よくわからなかった内容



＿＿＿＿＿＿＿さんの発表で伝わった内容、よくわからなかった内容



＿＿＿＿＿＿＿さんの発表で伝わった内容、よくわからなかった内容


```

第5章　第1節

✏ ワーク2　実習中、印象に残ったことを文章にしてみる

1 **個　人**　では、少し介護場面に近づけましょう。同じように実習中に印象に残ったことを文章にしてみましょう。なぜ印象に残ったかも書きましょう。「5W1H」を使って文章にしてみましょう。どの部分を一番伝えたいか意識して作成しましょう。

実習中に印象に残ったこと	なぜ印象に残ったのか
①	①
②	②
③	③

2 **グループ**　作成した文章をグループ内で発表しましょう。一人の発表が終わったら、発表者への感想を一人ひとり言いましょう。なぜ印象に残ったかわかりましたか。どのような実習だったと思いますか。あわせて次の空欄に書きましょう。

＿＿＿＿＿＿＿さんの発表の感想

＿＿＿＿＿＿＿さんの発表の感想

＿＿＿＿＿＿＿さんの発表の感想

＿＿＿＿＿＿＿さんの発表の感想

3 **個 人** ワーク2-1で書いた「印象に残ったこと」を発表し合って、自分の経験のなかで気づいたこと、感じたこと、他の人の話のなかでなにか気づいたこと感じたことはありますか。

```
自分の経験、他の人の話のなかで気づいたこと感じたこと
・


・


・
```

✏ まとめ

　自分だけが知っている事実を他者に文章で伝えることは情報の整理が必要です。その作業のなかで、新たな気づきが生まれてきたでしょうか。「あっそうか、そうだったのか」という部分です。また、他者の経験を聞いてみて、自分だったらどうだろうなどの気づきもあったでしょう。それぞれの感じ方も違います。それを検証することで自分はどう感じているのかを客観視できるのです。

　このことは介護場面でもしばしば起こります。自分だけが見た利用者の様子を正確に他者に伝えることは、「チームケア」「多職種連携」には欠かせないものです。

🔍 ふりかえり

　下記の項目について、チェック欄に該当するマークをつけましょう。
できた＝◎、少しできた＝○、あまりできなかった＝△、できなかった＝×

項　目	チェック
1．自分の経験を3～4項目の視点から振り返り、それぞれに文章にすることができましたか。	
2．グループ内の人に1．の内容を的確に伝えることができましたか。	
3．自分の経験を振り返る前と、発表し、感想を聞いた後で気づいたことを説明できましたか。	
4．自分の経験したことを伝えることで、改めて自分が気がついてなかった点を発見できましたか。	

※△もしくは×がついた場合は、ワークブックを読み返し、改めて学習しましょう。

第5章　第2節

第2節　事例報告書を作成する

👆学びのポイント

・実際に行った介護過程から事例報告書を作成する。

🔑キーワード

介護過程対象者　　自分　　かかわり　　プロセス　　文章化

📖学びの基礎知識

　実習中に行った介護過程は、実際には実習指導者や現場の介護職員の助けを受け、巡回の教員の助言を受け、実習生一人で行ったとはいえないかもしれません。実習中は利用者を中心としてその課題解決に向けてアセスメントを行いました。検討の対象は利用者です。
　この学びでは、あなたがどのように課題をとらえ（アセスメント）、どのようにかかわったか（計画と実施）を検討の対象とします。そして報告書を作成し、第三者に示し（できれば事例発表会）、説明します。事例報告書を作成することで、前節でも学んだ事例の振り返りをまとめることができます。発表を聞く側には視覚的資料となり、その後も両者の手元に残り、今後の事例の振り返りのための大事な資料となるわけです。

💡ワークの進め方

　ここでは事例報告書ワークシート（p.174〜175）を使い事例報告書を作成していきます。この作業はパソコンで取り組んでもよいでしょう。その場合のフォーマットは図5－1（p.176）を参考にしてください。

✐ ワーク1　「はじめに」の作成

1　個人　報告書の「はじめに」にあたる部分を書きましょう。
　実習施設の概要、対象者を選んだ理由、抽出した課題、長期・短期目標を設定した理由を文章にしてみましょう。

2　グループ　書いた文章を適切な表現か、誤字などはないかチェックしながらグループの人と読み合いましょう。疑問に思ったことは積極的に質問しましょう。

✐ ワーク2　事例の紹介

1　個人　基本的な情報、介護過程対象者を第三者が理解するのに必要な情報を完結に文章にまとめます。
　氏名（イニシャル）、性別、年齢、生活歴、既往歴、実習時の対象者の状況などからその方を紹介するように書いてみましょう。箇条書きでなく、文章を作成します。その方への思いなど入れるのもよいでしょう。

2　ペア　書いた文章を適切な表現か、誤字などはないかチェックしながらグループの人と読み合いましょう。疑問に思ったことは積極的に質問しましょう。

✐ ワーク3　情報の収集と分析

1　個人　どのように情報収集したか、なにから情報を得たか、収集した情報から分析したこと、現在どのような状態の利用者と考えたか文章にまとめましょう。

✐ ワーク4　生活課題の明確化

1　個人　アセスメントを進め、明確になった生活課題、課題をあげ、どのような支援が必要な利用者と考えたか、文章にまとめましょう。

2　グループ　アセスメントしたことをグループ内で発表しましょう。自分と違う考え方の人も出てくるかもしれません。意見交換しましょう。

✐ ワーク5　目標の設定

1　個人　実習で設定した1つの短期目標を選び、計画と実施内容、評価を文章にまとめましょう。実施内容は5W1Hを使い、経過がわかるように書きましょう。また、取り組む前と取り組んだ後の変化、客観的な数字などあれば示しましょう。目標はどの程度達成できたか、評価の内容を書きます。

第5章　第2節

〈事例報告書ワークシート〉
タイトル（第3節ワーク6）

所属　　　　NO.　　　　氏名

1．はじめに（第2節ワーク1）

2．事例紹介（第2節ワーク2）

事例報告書を作成する

3．介護過程の展開（第2節ワーク3）

（第2節ワーク4）

（第2節ワーク5）

4．考察

（第3節ワーク1）

（第3節ワーク2、ワーク5）

第5章　第2節

＊パソコンの場合（例）

用　　　紙：Ａ４版　2枚
書　　　式：2段組　19文字42行　約2,930文字
文　　　字：明朝体
文字送り：19字　10.5pt
行　送　り：42行　15.65pt
余　　　白：上下30㎜　左右30㎜

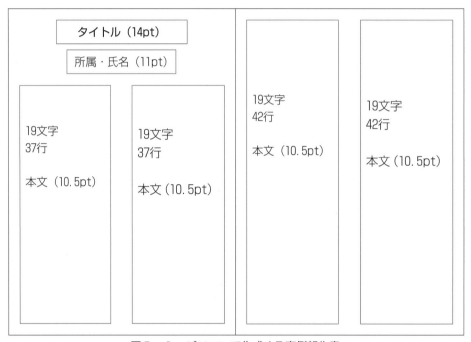

図5－1　パソコンで作成する事例報告書

✐ まとめ

　自分の行った介護過程展開を振り返るために事例報告書を作成しました。決して平易な作業ではなかったと思います。しかし、事例報告書を作成するという作業を通じて、実施した介護のチェックができたのではないでしょうか。対象者、課題、目標、実施内容、評価を丁寧に文章にし直すことで、他者に伝えるための準備も整ったのではないでしょうか。

🔍 ふりかえり

　下記の項目について、チェック欄に該当するマークをつけましょう。
できた＝◎、少しできた＝○、あまりできなかった＝△、できなかった＝×

項　目	チェック
1．対象者を選んだ理由について説明することができましたか。	
2．長期目標・短期目標を設定した理由を説明することができましたか。	
3．第三者が理解するのに必要な情報を簡潔に文章にまとめられましたか。	
4．利用者の現状理解を文章にまとめられましたか。	
5．自分が担当した利用者にどのような支援が必要だったか改善項目を書き出すことができましたか。	
6．選んだ短期目標に対して、計画と実施内容、評価を文章にすることができましたか。	

※△もしくは×がついた場合は、ワークブックを読み返し、改めて学習しましょう。

第5章 第3節

第3節 介護福祉実践の全体を振り返る

👆学びのポイント

・ここまでの報告書の考察にあたる部分を作成する。

🔑キーワード

利用者　　介護の理念　　介護の振り返り

📓学びの基礎知識

　実習期間にとにかく介護過程を展開しないと実習が終わらないと焦りはありませんでしたか。本来の介護にとって重要なことよりも計画の実施が優先になりがちです。第5章第2節で作成できた事例報告書ワークシートをさらに考察していきます。第4章で学んだ内容をふまえ、下の1から8の項目を確認していきましょう。

1．尊厳を守る介護だったか
2．利用者の価値観を尊重していたか
3．倫理的葛藤について気づいたことがあったか
4．利用者主体だったか
5．個別ケアになっていたか
6．自立支援になっていたか
7．人権擁護になっていたか
8．リスクマネジメントになっていたか

✏️ワーク1　ワークシートの点検

1　**個人**　第2節で作成したワーク1からワーク5を、学びの基礎知識であげた8項目にそってチェックしてみましょう。カラーマーカーなどを使い、できていたところとできていなかったところを色で分け、明らかにしましょう。色分けして自分の介護のなかで、新たに気づいたことがあれば箇条書きで書き出してみましょう。その後、これらの項目をまとめて文章にして、事例報告書ワークシートに書き込みます。

介護福祉実践の全体を振り返る

気づいたこと

✐ワーク２　ワークシートを介護過程の要素ごとにチェックする

1　個　人　アセスメントが十分できていたか、計画、評価などの意味がわかって実施できていたか、記録できていたかを確かめましょう。項目ごとに箇条書きで書き出してみましょう。

　　その後、これらの項目をまとめて文章にして、事例報告書ワークシートに書き込みます。

アセスメントが不十分だと思った部分

計画、評価などの意味がわかって実施していたか

計画は十分検討されたものであったか

記録は正確にできていたか

第5章　第3節

✏ ワーク3　不十分だった知識を補う

1　**個　人**　実習中、介護に関する知識が不十分だった場合は、調べる必要のあることがらをあげましょう。なぜ必要と感じたかもあわせて記入します。その後、文献、他教科の教科書などで改めて調べてみましょう。

調べる必要のあることがら	その理由
①	①
②	②
③	③
④	④

✏ ワーク4　自分のよいところを探す

1　**個　人**　この介護過程の展開において自分でよかったと思うことを書き出しましょう。

介護過程の展開において自分でよかったと思うこと
・
・
・

✏️ ワーク5　自分の介護観をまとめる

1　個人　これからあなたはどのような介護をしていきたいですか。自分のよかった点も踏まえて、進むべき方向性、どのような介護職になりたいかなどを文章にまとめ、事例報告書ワークシートに書き込みましょう。

✏️ ワーク6　事例報告書のタイトルをつける

1　個人　報告書の内容ができあがりました。全体を振り返り、一番伝えたいことを意識して事例報告書ワークシートに書き込みましょう。

タイトル

✏️ まとめ

事例を報告書にし、学んできたことをもとに改めて検討すると、さまざまな気づきが生まれます。そのことが事例の振り返りの成果です。自分の介護の課題が浮かび上がり、今後に向けてどのような介護をしていきたいか、どのような介護職になりたいかを明確にしていくことができます。

🔍 ふりかえり

下記の項目について、チェック欄に該当するマークをつけましょう。
できた＝◎、少しできた＝○、あまりできなかった＝△、できなかった＝×

項　目	チェック
1．学びの基礎知識の1から8のチェック項目について実施したかどうか点検できましたか。	
2．自分のアセスメントについて確認できましたか。	
3．知識が不十分で困った点を3項目以上あげられましたか。	
4．自分の介護過程の問題点を2項目以上あげられましたか。	
5．自分がどのような介護職になりたいか、文章をまとめることはできましたか。	

※△もしくは×がついた場合は、ワークブックを読み返し、改めて学習しましょう。

第4節　介護実習で展開した介護過程を発表する

学びのポイント

・ビジュアル・プレゼンテーションをする。
・全体発表会を行う。

キーワード

プレゼンテーション　　発表をする

学びの基礎知識

　全体発表会をしましょう。クラスメイトの介護過程の展開を聞き、自分の発表（プレゼンテーション）をします。プレゼンテーションというと、単なるスピーチではなく、パソコン、スライド、ビデオなどを使い、見せ方にも工夫をします。

　したがって、発表（プレゼンテーション）能力とは、自分の考えや意見も含め、さまざまな情報を、人前で効率よく報告したり、発表したり、提案したりする能力であり、伝えたい情報を正確に伝達し、理解してもらいます。所属の養成校のやり方があればそれにしたがいます。ここまでワークでまとめたものを新たに報告書として1つにまとめ、小冊子にしてもいいでしょう。あるいはスライドなどを作成して発表してもいいでしょう。

ワーク1　グループ内で発表をする

1　**グループ**　まずはグループ内で、自分の事例報告書を発表してみましょう。その後、グループで意見を出し合い、内容を検討しましょう。全体発表会で代表者のみ発表をする場合は代表者を決めます。

ワーク2　事例報告発表会を企画する

1　**全体**　各グループから代表を出し、全体発表会の準備をします。所属の養成校のやり方にそって企画しましょう。発表時間は、一人8～10分程度が適当でしょう。何人発表するか、何時間かけるか、参加者は誰か、外部から招待をするかなどを話し合って、

企画します。

プレゼンテーションの手順

1. なにを使って発表するか考えます。
   ここでは、マイクロソフト社のプレゼンテーションソフトである「PowerPoint」を使う例としてあげます。
2. 発表する原稿を作成します。スライド1枚につき、30秒から1分で話せる程度の原稿にします。
3. スライドを作成します。一枚一枚のタイトルと要点で作成し、プレゼンテーションの方法を工夫します。各スライドは文章を長く書くよりも、重要なポイントを簡潔に示すようにしましょう。どのようなスライドを使用するか、アニメーションや音楽を入れるか検討し、作成します。
4. リハーサルをします。
5. 原稿やスライドの修正をし、本番に備えます。

まとめ

発表をするということは、他者に伝えるだけでなく、大勢の前に出て行うというものです。慣れないと極端に緊張をしたり、あがってしまい、うまくしゃべれなかったりします。しかし、こうした経験は今後、ケースカンファレンスやチームミーティングにおいて落ち着いて話せるようになるなど、活用されます。また、組織の運営、地域住民、自治会、家族に対しての説明においても活用されていくことでしょう。

ふりかえり

下記の項目について、チェック欄に該当するマークをつけましょう。
できた＝◎、少しできた＝○、あまりできなかった＝△、できなかった＝×

項　目	チェック
1. 考察を作成することができましたか。	
2. グループ内で発表ができましたか	
3. 全体発表の準備はできましたか。	

※△もしくは×がついた場合は、ワークブックを読み返し、改めて学習しましょう。

アクティブラーニングで学ぶ
介護過程ワークブック

2016年4月15日　初版第1刷発行
2022年4月1日　初版第3刷発行

編　　　者　　川廷宗之・永野淳子
発　行　者　　竹鼻　均之
発　行　所　　株式会社みらい
　　　　　　　〒500-8137　岐阜市東興町40　第5澤田ビル
　　　　　　　TEL　058-247-1227(代)
　　　　　　　FAX　058-247-1218
　　　　　　　https://www.mirai-inc.jp/

印刷・製本　　サンメッセ株式会社

ISBN978-4-86015-390-8 C3036
Printed in Japan　　　　　　乱丁本・落丁本はお取り替え致します。